あなたはふだん、
家でこんな過ごし方をしていませんか？

「疲れをとるために休日はごろごろしている」
「動画や漫画を見て体を休めている」
「昼まで寝て睡眠不足を解消している」

または、リモートワークが導入されて、
「時間を忘れて、何時間も集中して仕事をしている」
「自由度が高まったため、自分の好きな時間帯に働いている」

他にも、

「仕事を引退して朝から晩までテレビを見て過ごしている」

「フリーランスで、家事や育児のあいまに仕事をしている」

そんなあなたに、もうひとつ質問です。

「家にいるのに、疲れがとれない」

こう感じることはないでしょうか?

それもそのはずです。
気の済むまで何時間も寝ている。
ボーッとテレビやスマホを眺めている。
イスに座って何時間も集中している。
毎日、自分の好きな時間に仕事している。

じつはこれ、すべて**「ストレス」**になっているのです。

家にいるからといって、必ずしも休めているとはかぎりません。
間違った休み方をしてしまうと、
かえって脳や神経にストレスを与えてしまうのです。
この本では、家にいることで溜まるそんなストレスを、

「おうちストレス」

と名付けました。

仕事に家事にと頑張るあなたは、
ふだんから多くのストレスを受けていることでしょう。
唯一安らげるのは、家で過ごす束の間の時間だけかもしれません。

それなのに、その貴重な「休息時間」でさえも、

「ストレスフルな時間」

になっていたら、どうなるでしょうか。


日々の疲れをリセットできず、毎朝、疲労を感じてしまう。

リラックスができず、イライラしたり他人にあたったりしてしまう。

つねになにかに追われている感覚があり、不安を感じてしまう。

これでは、コンディションが乱れ、パフォーマンスも下がってしまいます。

でも、安心してください。

その「ストレスフルなおうち時間」は、

生活のちょっとした工夫で「ストレスフリーな時間」になり、

さらには、「ストレスを減らす時間」に変えられます。

そのポイントは、誰もが持つ

「疲労回復ホルモン」

これを覚醒させること。

あなたが家で過ごす時間が、**「本当の休息時間」**になる。

そのためのコツを、この本では授けましょう。

Habits of relieving stress at home

おうち ストレス をためない習慣

医学博士・循環器専門医
杉岡充爾
Juji Sugioka

クロスメディア・パブリッシング

はじめに――「家にいる」のに不調を感じる人たち

2020年5月、ある男性が私のクリニックを訪れました。

クリニックに以前から通っていた、大学職員をしている50代の男性です。

もともと高血圧の診療で私のところを訪れていましたが、その日は**深刻な「疲れ」**を訴えていました。

お話をうかがってみると、その違和感は、新型コロナウイルスの流行の影響で在宅勤務をはじめた頃からだというのです。

彼は職員業の一環として定期的に論文を書く仕事をしており、在宅勤務になり大学に行く必要はなくなりましたが、論文は書き続ける必要がありました。

これまでは大学にいるときだけ書けばよかったのが、在宅になり、いつでも、いつまでも論文を書き続けられるようになってしまったのです。

つまり、オンとオフがまったくない生活になってしまいました。

それればかりか、突発的にオンラインミーティングが入り、そのたびに作業は中断されて、思うように論文執筆が進んでいない状況でした。

そしてしだいに、「疲労が取れない」と訴えるようになっていったのです。

また、別のケースもあります。

その方は一般企業に勤める、部下もいて、チームをある程度まとめている40代の女性でした。

彼女もはじめは**「冷や汗が出た」「動悸がする」「胸が痛む」**といった、身体的不調を感じて私のクリニックにきました。この方にかぎらず、胸の痛みを感じて来院してくる方は多いのです。

くわしく話を聞いてみると、彼女も在宅勤務をしており、「会社とうまく連絡が取れない」など、在宅によるストレスを感じていました。

おそらくそのストレスがかかったことによって胸の症状がでているのですが、**会社の人にそう話しても、なかなか理解してもらえない**と言っていました。

「ずっと家にいられて楽になったはずなのに、ストレスがあるはずがない」

「疲れただなんて、怠けているだけじゃないか」

こんなことを言われて、理解してもらえず、苦しんでいました。

「少し息が切れる気がする」「心臓がちょっとドキドキする」「体が少し重い」「疲れが溜まっている気がする」……。

以前はこういった「なんとなくの不調」を感じて私のクリニックを訪れる人は、1週間にひとりやふたりほどでした。

それがコロナウイルスの流行をきっかけに、**これらの症状を訴える人の数が急増し、毎日のように来るようになりました。**

さらには新規の患者だけでなく、他の病気で通院していた人たちのなかにも、同様の不調を感じる人が増えはじめました。

症状を訴える人に性別や世代的な傾向はなく、当初は不思議に感じていました。

しかし、みなさんを問診するなかで、症状を訴えている方々にはある共通点があることがわかったのです。

「家にいる時間」が不調を引き起こす

ほぼ全員に見られた共通点は、以前より「家にいる時間」が増えたことです。原因不明の疲れや不調を訴えてくる人で男性の場合は、**ほぼ全員が在宅勤務の状態**でした。完全な在宅勤務ではないにしても、家で働く日が週に何日かある人がほとんどだったのです。

また、世代的な傾向はないとお伝えしたとおり、不調を訴える方には、仕事を引退した方々も多くいました。

話を聞くと、そういった方々も、コロナウイルスを恐れ、**ほとんど家から出ない「引きこもり状態」**にあったのです。

以前は町内会の会合に出向いたり、家族や親戚が訪ねてきたりして人と会話する機会があったものの、コロナウイルスの流行を機に、外とのつながりが一切なくなってしまったそうです。

私は循環器系の医者ですが、「疲労」や「ストレス」に関する研究にも注力しており、これまでに書籍執筆やテレビ出演などをとおして発信してきました。

疲労回復やストレス発生のメカニズムに基づいて考えてみると、たしかに「家にいる」ことは、必ずしも疲労の回復につながるわけではないと気づいたのです。

たとえば、休日は昼まで寝て過ごすという人がいますが、**過剰な睡眠は逆にストレスとなります。**

また、ソファに寝転がってテレビやSNSを眺めていたりするのも、休んでいるつもりでも、実際にはストレスを溜めてしまっています。

他にも、外出や買い物が減ることで食事が簡素になり、疲労回復に必要な栄養が不足するばかりか、**体内のストレスを高める成分を摂取してしまう**こともあります。

このように、過ごし方によっては、「休息の場」であるはずの「家」が、「ストレスを溜めてしまう場所」になってしまうのです。

実際に読者の方のなかにも、「週末はずっと家で休んでいたはずなのに、月曜日からすでに体が重く、疲労感がある」という人もいるのではないでしょうか。

それは、あなたの「おうち時間」が、**「ストレスを溜めるおうち時間」**になっているためです。


さらに問題なのが、そのほとんどが「無自覚」によって行われていることです。

多くの人が、「たくさん寝れば疲れは取れる」「体を休めれば休息になる」「好きなものを食べるのがストレス発散になる」など、疑いの余地なく信じています。

でももし、これらがすべて逆効果であったら……。

良かれと思って行っていることが、むしろ「慢性的に体にダメージを与えること」になってしまっているのです。

本編で詳しくご説明しますが、慢性的なストレスは、疲労感を、さらには重篤な症状をまねき、最悪の場合は死にすらつながることもあります。

そこで、「家にいることで溜まるストレス」に悩む人のために、この本を書こうと思いました。

人類史上もっとも「家にいる時間」が長い時代

現代は、人類史上でもっとも、「家にいる時間」が長い時代なのではと、個人的には感じています。それには、ふたつの理由があります。

ひとつめの理由は、**「家でなんでもできるようになった」**ためです。

インターネットが普及して数十年、オンライン技術は目覚ましい進化を遂げてきました。

メール、チャット、さらにはオンライン通話など、現代では家にいても「実際に会っている」かのようなコミュニケーションが可能です。

生活においても、ネット通販で買い物をしたり、宅配サービスで食事を頼んだりすることは、もはやめずらしいことではありません。

友達との交流も、SNSやオンラインゲームを通じて不自由なく行えます。

他にも、動画配信サービスによって自宅にいながら映画を観る、動画投稿サイトで面白い動画を楽しむ、電子書籍で漫画を読むこともできます。

以前は休日に家にいても暇なだけでしたが、いまでは無尽蔵のコンテンツが溢れています。

むしろ、**家ではできないことを探すほうが難しい時代**になりました。

こういった「自宅にいながら利用できるサービス」は、コロナウイルスの流行を経て、より加速しています。

一度手にした便利なサービスを手放すことは難しく、アフターコロナの時代においても、多くの人が様々なことを自宅で手軽に済ませたいと考え、そのためのサービスはさらなる進化を遂げていくことでしょう。

ふたつめの理由は、**「家で作業をする機会が増えた」**ためです。

最大のきっかけは、やはりコロナウイルスの流行です。

多くの企業が「リモートワーク」を導入し、多くの人が在宅勤務を経験しました。

通勤から解放され、たとえコロナが収束してもリモートワークを続けたいと感じた人も多いのではないでしょうか。

企業も、交通費、オフィス賃料、水道光熱費など、多くの諸経費が削減されることに利点を感じ、オフィスを解約して恒常的なリモートワークを導入するところもあらわれました。

出社することの必要性が揺らぎ、今後も業務内容や事情に合わせてリモートワークを柔軟に選択できるようにする働き方が主流となっていくかもしれません。

また、コロナウイルスと関係なく、「自宅で働く」という人は増えています。

たとえば、「仕事を家に持ち帰ってやる人」です。

働き方改革の推進を受け、「残業削減」に躍起になる企業が数年前から増えています。

会社から定時退社を促されるも、仕事量が減るわけではなく、しかたなく家に仕事を持ち帰り、帰宅後や休日に仕事をする人は少なくありません。

そして、現代は多様な働き方の時代です。

「企業に勤めて働く」以外にも、「フリーランスとして在宅で仕事している」「退勤後に家で副業をしている」という人はめずらしくありません。

「家は働く場所である」と考える人は、少数ではないのです。

こういった背景があり、現代人は家にいる時間が長くなっています。

しかしその一方で、「ストレスが減った」と感じている人は少ないのではないでしょうか。

それは、たとえ家にいても、仕事をしたり脳が使われていたりと、**休めているようで休めていない過ごし方をする**人が増えてしまったためです。

あらゆることを家でこなす現代では、「家＝休息」とはいえず、「休む技術」が必要なのです。

ホルモンを活性化して「最高のおうち時間」を手にいれる

ストレスが蓄積すると、「体が重い」「気力が出ない」「眠気がとれない」といった、俗に言う「疲れ」につながります。

さらには、そのストレスを放置していると、ホルモンの異常や血管の不調といった症状、そして最悪の場合は「死」につながるリスクも高まります。

そこでこの本では、「家にいることでストレスを受けている」人に向けて、そのストレスを回復する方法、そしてストレスを溜めない方法を紹介します。

その鍵となるのが、コルチゾールという**「疲労回復ホルモン」**です。

このホルモンが、疲労の原因となるストレスを緩和したり、ストレスによるダメージを修復したりすることで、疲労を回復させています。

反対に、コルチゾールの分泌機能が弱まったり、過剰なストレスによってコルチゾールの緩和機能では補いきれなくなったりすると、疲労が溜まっていきます。

コルチゾールは副腎から分泌されますが、その機能が弱まった状態を「副腎疲労」の状態と呼びます。

①コルチゾールを消耗させるストレスとなる行動を減らす
②コルチゾールの貯蔵量が増える行動をしてストレス緩和力を高める

これが、「おうち時間」を「本当の休息時間」に変える方法です。

まず1章では、ストレスや疲労のメカニズムを確認しながら、「家にいることでストレスがたまる理由」を確認していきます。「おうちストレス」を溜めてしまう要因がわかれば、そこを見直すだけでも、疲労感が改善できるでしょう。

2章では、「おうちストレス」が引き起こす、さらなるリスクについて確認します。過度なストレスは疲労だけでなく、メンタルの不調や、思わぬトラブルをまねく可能性があります。

後半は「ストレスを溜めない」「ストレスを取る」ための具体的方法を紹介していきます。

3章は、日常生活に取り入れてほしい、ストレスを溜めない「最高の生活」のコツです。平日の帰宅後などに手軽に実践できるものを紹介します。

4章は、おもにリモートワーカーやフリーランスなど、家で仕事をする人のストレスを減らす「最高の在宅作業」のコツです。もちろん仕事でなくても、趣味など、なにかに没頭するすべての人にお役立ていただけます。

５章は、頑張る自分をいたわるための「最高の休日」のコツです。週末にかぎらず、お休みの日に実践してもらえば、翌日から気持ちよく動けるでしょう。

そして巻末には、疲労回復に効果的なストレッチも紹介しています。

健康に気を遣うことは、「自らに投資する」こと

お金、家族、人間関係、環境、時間……。

人生において大切なものは、数えればきりがありません。

ですが、「健康」を失うと、そのすべてを失ってしまいます。

健康がすべてではありませんが、**人生の幸せというのは、健康であることをベースとして、そのうえで成り立っていくもの**なのです。

その健康に、意識を、時間を、お金をかけることは、いわば「投資」です。

それも、ノーリスク・ハイリターンの、絶対に損をしない投資です。

私は経営者などのエグゼクティブを対象にした「ヘルス・コンサルティング」も行っていますが、人生がうまく回っている、いわゆる「成功した人」ほど、健康こそが最大の資産だとわかっているように感じます。

会社の人間関係、仕事のプレッシャー、プレゼンの緊張、デスクワークによる筋肉疲労……、多くの人が、日々さまざまなストレスを受けているはずです。

だからこそ、家にいる時間はそういったストレスを回復できる時間にしなくてはなりません。

おうち時間を見直し、ストレスを完全リセットできる時間にしていただきたいのです。

「家」は人生から切っても切れない存在です。

その家を、日々のストレスを取り去る「最高の場所」にしていきましょう。

杉岡充爾

1章 なぜあなたは、家にいるのに不調になるのか

2章 おうちストレスが引き起こす「疲れ」より怖いもの

3章 毎日のストレスをリセットする「最高の生活」

4章

おうちストレスをためない「最高の在宅作業」

5章 頑張る自分をいたわる「最高の休日」

1章

ストレスによって引き起こされる6つのサイン

▼ストレスフリーの第一歩は、ストレスを認めること

この本は「ストレスのないくらし」を手にいれるための本です。

手にとってくださった方は、少なからず「ストレス」を感じていることでしょう。

でも、「ストレス」自体は目に見えません。

「自分は本当にストレスを感じているの？」

「この倦怠感は、ただの気のせいなのかな？」

「最近なんとなく体が重いけど、少し休めばなおるよね？」

と、自分の状態から目をそらしている人も多いのでは？

本書を気持ちよく読み進めていただくために、まずはそんな「疑い」を晴らしていただく必要があります。


そこで序章では、ストレスが引き起こす「６つのサイン」を紹介します。

少しでも「当てはまるかも……」と感じた方には、「あなたはストレスを感じて

いる」認定を差し上げます。

それも、ただ休んだり寝たりするだけでは取れない、**ストレス緩和の機能自体に問題がある状態です。**

でも安心してください。その「回復機能」をなおす方法も、この本でしっかりとお伝えします。

ストレスは目に見えないばかりに、その存在に気づかず、つい頑張りすぎてしまう人が多いのが事実です。周囲に悟られないよう、「自分は大丈夫」と言い聞かせて働き続ける人もいるでしょう。

でも、**ストレス回復の第一歩は「自分のストレスに気づくこと」です。**

この本を手にとったのもなにかの良い機会です。

ふだんは頑張りすぎてしまう人も、試しにこの6つのサインだけでも、確認してみてはいかがでしょうか。

では、はじめていきましょう。

sign

1

味の濃い食事を好む

冒頭でお伝えしたように、ストレスを回復する働きは「コルチゾール」というホルモンが担っています。

他にも、血圧や血糖値の維持といった体のあらゆる状態を安定化させる**コルチゾールは、体内の塩分量も維持しています。**

本来摂り過ぎた、塩分などの不要物は尿によって排出されますが、じつは腎臓から出た段階の尿には、体に必要な成分も含まれているのです。

そこで私たちの体は、腎臓から膀胱までのあいだに、尿から必要な成分を再吸収しています。

具体的には、コルチゾールがミネラルコルチコイド受容体（ＭＲ）を刺激して、この再吸収を促します。

そのため、コルチゾールが少ないと塩分は再吸収されることなく、尿として排出されてしまいます。その結果、体は塩分不足の状態に。

塩分が不足すると、人間は無意識のうちに食事で塩分を補おうとします。

つまり、味が濃い、塩分の多いものをたくさん食べてしまう状態は、**コルチゾールが減っていてストレスの回復が十分にできていない**状態なのです。

sign

2

イライラして
気が短くなる

コルチゾールには精神的ストレスを緩和する機能もあります。

ところがストレスが慢性的になると、コルチゾールのほとんどがその回復に費やされることになり、ストレスを緩和する余裕がなくなってしまいます。

その結果、ストレスを沈静化できず、感情のコントロールができなくなり、暴走してしまうのです。

感情の暴走によって起きるのはイライラだけでなく、急に暗くなるなど、**性格が変わったようになることもあります**。

なかでもよくあるのが、仕事の案件などで、少し責任が重そうなものを無意識に避けるようになる変化です。

ストレスを感じた脳が無意識に自分を守ろうとしている、一種の防衛反応です。

つまりこれらの感情の変化が起きているときは、精神的ストレスの緩和にコルチゾールを回す余裕がないほど、慢性的なストレスを受けている状態といえます。

この状態が続くと、やがてコルチゾールは完全に使い切られ、ストレスによる疲労が積もり放題の状態に突入してしまうでしょう。

sign

3

肩がこる
背中が痛む

「なんとなく不調」を感じて私のクリニックにくる人のうち、**ほぼ100%の人が肩こりや背中の痛みを感じています。**

とくに起床時に、強い痛みを感じているようです。

こういった筋肉の痛みは、要するに筋肉の炎症です。そしてここでもまた、コルチゾールが活躍しています。

体のバランスを保とうとするコルチゾールには、炎症や感染さえも元に戻そうとするはたらきがあるのです。

そのため、肩こりや背中の痛みがなかなか引かなかったり、関節痛や筋肉痛なども感じたりするときは、抗炎症作用を持つコルチゾールが減っている可能性があります。

ストレス過多となり、炎症が修復しきれなくなっているのです。

肩こりや背中の痛みが出ている状態は、気づかないうちに多くのストレスを受けているおそれがあります。

そのSOS信号が、**こりや痛みになって現れている**のです。

sign

4

目が疲れる よく乾く

慢性的なストレスを受けている状態では、コルチゾールが日々のストレスのケアに費やされてしまい、蓄積されたストレスがなかなか減りません。

そのストレスの影響が出やすい部位のひとつが、「目」です。

痛みが出たりまぶたが重くなったりといった眼精疲労の症状は、**目だけではなく、ストレスが多く、体全体が疲労状態にある**サインでもあるのです。

また、目の乾きもひとつのサインになります。

人間は緊張状態や集中状態にあるときに、瞬きの回数が減ります。目の前の対象からいっときも目を離さない、一種の戦闘状態になっているのです。

自律神経も、敵と対峙したときのような「ストレスフル」な状態になっています。くわえて、緊張すると口が渇くように、水分の分泌が減ります。

当然、涙の分泌も減るため、目の乾きをより加速させます。

長時間のパソコン作業などのあとに一時的に目が疲れるくらいであれば問題ありませんが、長期的に目の疲れや乾きが続くようであれば、気づかぬうちに身体が緊張状態になり、慢性的なストレスを受けていると考えてよいでしょう。

sign

5

コーヒーやエナジードリンクを飲みたがる

これは、ストレスチェックリストの代表的なものです。

コルチゾールが減っている、または枯渇している状態では、慢性的なストレスが取れません。そこで、無意識にカフェインを求めてしまう人は多いのです。

なぜなら**カフェインにはコルチゾールを一時的に出す作用がある**からです。

ストレスが多くコルチゾールが減っているため、カフェインを含むコーヒーなどを無意識のうちに摂取して、コルチゾールを出そうとしているのです。

ですが、カフェインを摂ってもコルチゾールの分泌力が向上するわけではありません。分泌能力が低下した副腎を、**雑巾を絞るようにむりやり絞ってコルチゾールを出す**ようなものです。

これでは根本的な解決にはなりませんし、そのうちカフェインも効かなくなってくる可能性もあります。

毎日、コーヒーやエナジードリンクを5、6回も飲まないと動けない。

こうなると、まさにカフェイン依存の状態です。

この状態の人はストレスの蓄積がピークに達しており、とても危ない状態です。

sign

6

足がつる

ストレスが溜まると足がつりやすくなります。

これには体内のマグネシウム量が関係しています。

マグネシウムは筋肉を和らげる効果がありますが、精神的疲労やストレスによって低下することが知られています。

そのため、**ストレスが増えるとマグネシウムが低下し、筋肉がつりやすくなる**というわけです。

くわえてマグネシウム量の低下は、満足感や幸福感にも影響を与えます。

精神的ストレスに関わるドーパミンやセロトニンといったホルモンは、トリプトファンというタンパク質が代謝されることで分泌されます。

この代謝過程で必要になるのが、マグネシウムなどのミネラルやビタミンBです。

ですからマグネシウム量が低下すると、満足感を感じるドーパミンや幸福感を高めるセロトニンの生成が減少し、**ストレスを感じていなくてもイライラ感が取れない**ようになります。

そして、そのイライラがさらにマグネシウム欠乏をまねく、負のループに。

「足がつる」のは、地味だけど重要なストレスサインなのです。

▼「ストレスに弱い」は、欠点ではなく個性

何日も徹夜しても疲れない人や、どれだけハードな仕事をこなしても翌朝にはケロッとしている人もいます。

一方で、勤務時間が特別長いわけでも、不規則な生活をおくっているわけでもないのに、どこか疲労感があったり、よく体調を崩したりしてしまう人もいます。

これは、後者の人の気力が弱いわけでも、甘えているわけでもありません。**ストレスへの耐性は人それぞれであり、誰かと比べて判断することではないのです。**

なにかのストレスを受けたときに、コルチゾールを少し使えばあっさり元に戻る人もいれば、燃費が悪く、たくさん使わないとそのストレスを緩和できない人もいます。

実際、ストレスの蓄積がかなり進んでいて、おそらくコルチゾールがほとんど出

ていないだろうと思って調べてみたら、人よりもたくさん出ていたという人もいました。

ストレスに対してどれくらいコルチゾールを使えば緩和できるかは、完全に個人差のあることなのです。

また、のちほど詳しくお伝えしますが、**副腎はコルチゾールを貯めておけるタンクのような役割**をします。

この「ホルモンタンク」の容量も、人によってまったく異なります。

タンクの容量が大きく、多少のコルチゾールを使ってもまだなくならないという人もいれば、タンクが小さく、慢性的なストレスが少し続いただけでコルチゾールが枯渇してしまう人もいます。

さらには、タンクの大きさと同じように、コルチゾールを補充するための栄養分、つまりビタミンやミネラルといった材料の必要量も人によって異なります。

少しのビタミンであっという間にホルモンタンクが満杯になる人もいれば、山ほどの栄養を摂ってようやく少しのコルチゾールが分泌される人もいるのです。

そして、ストレスの感じ方も人それぞれです。

ここまでに紹介したように、ストレスにはいくつかのサインがあります。

そのサインには、ストレスを緩和するためにコルチゾールが出過ぎた結果として現れるものと、それがさらに進み、コルチゾールが枯渇したために現れるものがあります。

たとえば味が濃い食事を求めてしまうのは、コルチゾールがだいぶ減ってしまっている状況でしょう。

コルチゾールを量産している時期はナトリウムを体内に溜め込もうとしますが、食事で塩分を摂ろうとする状況は、すでに体内のナトリウムが減り、コルチゾールも減っている時期と思われます。

カフェインに依存している状況も同様です。

反対に、肩こりや背中の痛みは、コルチゾールの過剰分泌の初期段階で出ることが多い印象です。

このようなサインはいくつかありますが、なかにはコルチゾールが量産されて太りやすくなる人もいれば、反対に栄養を溜め込む余裕がなくなって痩せてく人もいるなど、影響の度合いにはばらつきがあります。

重症だと思っても、人よりもコルチゾール分泌の効率がよく、生活を少し改善するだけで症状がなおってしまうこともあれば、初期症状であっても予想外に深刻な状態なこともあります。

つまり、決定的な指標はなく、総合的な面を見て判断するしかないのです。

そのため「自分は大丈夫だ」「自分はまだ重症ではない」と決めつけずに、できる対策があれば、**ストレスを自覚する前に取り入れてみる**のがよいでしょう。

「同じように働いているあの人が元気なのに、疲れたなんて言ってられない」
「疲れたと弱音を吐くのは、恥ずかしいことだ」
「少し休めばなんとかなるだろう」

勤勉で真面目な人は、つい頑張りすぎてしまいます。

そして疲れを放置するばかりか、エナジードリンクに頼ったり、休日に寝溜めをしたりと、間違った方法によってさらに疲れを溜めてしまいます。


でも、どれだけ働いても元気なあの人は、我慢強いのでも、打たれ強いのでもなく、ただ人よりもホルモンタンクが大きいだけなのかもしれません。

そんな人と自分を比べて考えても、意味がありません。

つまり「ストレスを受けやすい」「緩和力が低い」というのは、欠点ではなく「個性」なのです。

自分はどれくらいのことをストレスに感じるのか、ストレスによる影響をどれくらい受けやすいのか、ストレスに対抗するホルモンをつくる材料はどれくらい必要なのか、ホルモンタンクのサイズはどれくらいか……。

自分の「個性」と向き合って、必要なケアを取り入れていけばいいのです。

1章

なぜあなたは、家にいるのに不調になるのか

ストレスフルな生活は「疲労回復機能」を破壊する

「ストレス」と聞いて思い浮かぶことはなんでしょうか。

「人間関係の問題」「仕事が忙しすぎる」「将来が不確かなことへの不安」……など、「精神的なダメージ」のことだと認識している人は多いのではないでしょうか。

しかしストレスとは本来、身体的、精神的にかぎらず、**「外部から受けるすべての刺激」**を指します。

まず1章では、疲労を回復する機能や、疲労が溜まるメカニズムについてお伝えし、気づかないうちに疲労をまねく「おうちストレス」の正体を暴いていきます。

本書の「はじめに」で、コルチゾールというホルモンがストレス緩和に大きな役割を担っているとお伝えしました。

このホルモンは、腎臓の上にある「副腎」から分泌されます。

副腎には「髄質」と「皮質」と呼ばれる部位があり、それぞれの部位から分泌されるホルモンを、それぞれ「副腎髄質ホルモン」「副腎皮質ホルモン」と呼びます。

この皮質ホルモンとして代表的なものが、コルチゾールです。

コルチゾールは「抗ストレスホルモン」とも呼ばれ、ストレスの緩和や、体のあらゆる状態維持に務めるリセットホルモンです。外部からのストレスが増えると、このコルチゾールが出てくる機会が増え、分泌される量も増えます。


ですがコルチゾールの分泌量は、人によって異なります。

たとえば、ある人が感じているストレスを30という数字で示すとしたら、それを緩和して正常な状態に保つには、コルチゾールも30必要になります。

ストレスが60の人はコルチゾールも60、ストレスが１００ならコルチゾールも１００必要になります。

つまり、**受けているストレスの量によってコルチゾールの分泌量は変わります。**

人によっては、通常の2倍や3倍のコルチゾールを出して、ようやく他の人と同じように過ごせている人もいるということです。

しかし、残念ながら副腎が溜めておけるコルチゾールの量には限界があります。副腎はホルモンを溜めておける「タンク」のような役割があり、ある程度の貯蔵量が設定されているのです。

つまり大量のストレスによってコルチゾールが過剰使用されると、副腎によるコルチゾールの分泌が間に合わず、タンクは空になってしまいます。

「ストレス過多」によってコルチゾールが枯渇した状態、つまり**「ホルモンタンク」が枯渇した状態、これを「副腎疲労」と呼びます。**

副腎疲労に陥り、コルチゾールがつねに不足した状態になると、ストレスの緩和ができなくなります。

その結果、「朝起きられない」「感情バランスが乱れる」「風邪が治りづらくなる」といった、いわゆる「疲労」の症状がでてしまうのです。

まさに、「疲労回復機能」が壊れている状態です。

ストレスは「3つの疲労」を引き起こす

もう少し、「疲労」について深掘りしていきましょう。

「疲労」と聞くと、腕が上がらなくなる、足が重くなるといった、肉体的な衰えのイメージが強いのではないでしょうか。でもじつは、それだけではありません。

疲労の分け方は医師によっても異なりますが、私はおもに**「身体疲労」「精神疲労」「神経疲労」の3つに分けられる**と考えています。

身体疲労とは、いわゆる肉体的な疲労です。

運動によって筋肉に負荷がかかって機能が落ちたり、筋肉痛などの痛みを感じたりといった、「身体的な」ストレスがかかることで起きるのが身体疲労です。

ときに栄養不足や睡眠不足なども身体疲労を引き起こすおそれがあります。

身体疲労になりやすいのは、健康への意識が低く、食事も睡眠も疎かにして**自らを犠牲にしてまで仕事に打ち込むような、まさしくハードワーク型の人**です。

この身体疲労が蓄積し、コルチゾールの分泌で対処しきれなくなると、循環器系の疾患や、臓器の不調などの症状につながっていきます。

つぎに、精神疲労です。

これはおもに、人間関係などの「精神的な」ストレスによる心の疲れ、イライラ、将来に対する不安などによって、思考や感情に悪影響を受けている状態のことです。なりやすいのは**真面目で責任感が強く、休息を取らずに仕事を続けるなど頑張りすぎたり、仕事の結果やトラブルをひとりで抱え込んだりしてしまうような人**です。

最後に、神経疲労です。この神経とはおもに「自律神経」を指します。

自律神経は、脳の意思とは無関係に内臓や血管などの機能を自動的に調整する神経系です。

緊張状態で優位になる「交感神経」と、リラックスした状態で優位になる「副交感神経」から成り、基本的には、あらゆる器官に対してこのふたつの神経がどちらも作用する仕組みになっています。

神経疲労とは、このふたつの神経のバランスが崩れ、緊張状態の割合が増えるといった「神経的な」ストレスによって起きる疲労です。

これは**長時間のパソコン作業などによる視神経の疲れや、脳の緊張、または睡眠不足**などによって引き起こされます。


このように、身体的なストレス、精神的なストレス、神経的なストレス、そのいずれも「疲労」を引き起こしてしまいます。

「身体を休めさえすればいい」「気持ちを落ち着かせさえすればいい」「睡眠をたくさん取りさえすればいい」といった単純なことではなく、あらゆる角度で「ストレスのない行動」を選ぶ必要があります。

それほどに、**私たちは生活のあらゆる場面でストレスを受け、疲労が生じてしまう弱い生き物**なのです。

「良いストレス」と「悪いストレス」がある

ここまでストレスと疲労の関係を見てきましたが、じつは「良い」ストレスもあります。

ストレスには、そのストレスが「一時的なものか」「長期的なものか」という視点による「急性ストレス」と「慢性ストレス」という区別があります。

急性ストレスでわかりやすいのが、激しい運動による疲れです。

仕事終わりにジムで汗を流したり、週末に仲間と集まってフットサルをしたり、こういった一時的な運動のあとは、体が重いなどの疲れを感じているでしょう。

これが急性ストレスによる疲労です。

このストレスの影響は休息や睡眠によって回復でき、長くは続きません。

むしろ適度な疲労感は、その後の爽快感すら与えてくれます。

つまり、**身体への急性的なストレスは「良いもの」**とも考えられているのです。

科学の世界には、**「ホルミシス効果」**という言葉があります。

高濃度や大量に用いられると有害であるような物質が、低濃度あるいは微量に用いられることで、逆に有益な作用をもたらす現象を指す言葉です。

食事を抜く「ファスティング」などもそうですが、一時的に過酷な状態に陥ることで、人体がより強く、より良い状態に生まれ変わるのです。

この「ホルミシス効果」がはたらくのは、人間の細胞の中にあるミトコンドリアという器官の機能によってです。

ミトコンドリアは体のエネルギーをつくりだすはたらきがあり、**一時的な負荷を受けることで、その機能が高まる**のです。

この話を聞いて、ワクチンを思い浮かべた人もいるのではないでしょうか。

ですが、似ているようで少し違います。

たとえばインフルエンザのワクチンは、病原性をなくしたインフルエンザウイルスの一部を体内に注射し、そのウイルスの抗体を体内でつくりあげていきます。

しかし、それで対抗できるのはインフルエンザのみです。

一方でホルミシス効果は、基礎的な免疫力を高めてくれます。


スポーツの練習にたとえると、ワクチンは「対戦相手のデータを分析して、その相手にあった戦術を考え、練習する」イメージです。

一方でホルミシス効果は、「どんな敵にもその場で対応できるよう、走り込みや筋トレをして基礎体力を高めたり、あらゆる戦術を頭に叩き込んだりする」といった、自らに負荷をかけて**総合的な戦力を高める**イメージです。


このように、急性ストレスには体の機能を高めてくれる効果もある一方で、慢性的なストレスは疲労や様々な不調の原因になります。

強いストレス感はなくても、つねにコルチゾールが分泌され続け、足りていない、まさに「副腎疲労」をまねいてしまう状態です。

そのため副腎疲労は「慢性疲労症候群」と呼ばれることもあるのです。

そして、本書のテーマである**「家にいることで溜まるストレス」の大半が、この慢性ストレスです。**

では、どのような状況が慢性ストレスを生むのでしょうか。

次の項目からは、「おうちストレス」について紐解いていきます。

「ストレスが少ない」のがストレスになる

「家にいるときは、座りっぱなしや横になりっぱなしで、ほとんど動かない」

休日に家で過ごす時間が長い人は、どうしても運動量が減ります。

家で仕事をすることが増え、唯一の運動であった「通勤」さえも減ってしまった人も多いでしょう。

しかし58ページでお伝えしたように、適度な運動によるストレスは、むしろ身体機能を高めたり維持したりするために必要なことです。

むしろ適度な運動ストレスさえない**「過少ストレス」が続く状況は、コルチゾール産生に影響を及ぼしたり、筋肉や血管に悪影響を与えたりしてしまいます。**

まず筋肉への影響ですが、運動不足によって身体的なストレスが減ってしまうことで、当然ながら筋肉が落ちていきます。

すると代謝の機能が落ち、細胞内のミトコンドリアは「そんなに働かなくていいんだな」と、冬眠モードに入ってしまいます。

その結果、エネルギーがつくられなくなり、コルチゾールの生成量が減ってしまいます。

さらに運動不足は、血管にも大きな影響を与えます。

運動をすると心臓の脈拍が速くなり、血流のスピードが上がり、血液循環のサイクルが速くなります。

血流が速くなることは、血管を良好な状態に保つためにとても大事なことです。

それは、血流が速くなると、血管の内壁にぶつかる摩擦によって、血管の内側にある血管内細胞から「NO（一酸化窒素）」という物質が出るためです。

もっと具体的に説明すると、ゆっくり流れていた血流が速くなり、血管の内壁にかかる摩擦が変化すると、その変化を感知してNOが出ます。

NOは動脈硬化を予防したり、血管が緊張しないように拡張させたりなど、血管の健康を守るはたらきをもっています。

反対にNOが減ると、血管の弾力性は下がり、緊張過多状態になってしまいます。


この意味でも、**適度な運動によって血流の速さを変えることが大事**なのですが、家にいて動かない時間が多いと、その機会が減ってしまいます。

そればかりか、イスに長時間座りっぱなしでテレビを見たり、ベッドで横になって漫画やスマホを見続けたりすれば、筋肉が硬直し、血流の通りはさらに悪くなってしまいます。

このように**「運動ストレス」がない状態が、身体にとってはかえってストレスになってしまう**のです。

「高い集中力」がストレス耐性を低下させる

「家だと集中できるから、つい時間を忘れて仕事してしまう」

家でパソコン作業をしている人に多く見られる問題として、「呼吸数の低下」があります。

人間は集中すると、呼吸量が減ります。

会社よりも集中できるからと、時間を忘れてパソコン作業に集中すると、つい呼吸数は減ってしまいがちです。

さらに追い打ちをかけるのが、会社と家での仕事環境の差です。パソコンの位置や高さが異なり、会社にいるときよりも猫背になっている人がとても多いのです。猫背になると肺が圧迫されるため、肺活量は通常の20%程度落ちます。

この姿勢をずっと続けているわけですから、じつは**長時間のパソコン作業をし**

ているとき、体内は低酸素状態になっているのです。

低酸素状態になると、ミトコンドリアのエネルギー生産力が落ち、コルチゾールの分泌量も減ります。

当然、ストレスに対抗する力も落ち、疲労にもつながります。

「腸ダメージ」という見えないストレス

「リモートワークになってから、間食が増えた」

「食事を買いに行くのが面倒で、休日はインスタントやデリバリーで済ませる」


このように、家にいる時間が長いことで食生活が偏っている人は多くいます。

家にいることで起こりうるもっとも大きなストレスは、「食べ物」によるストレスです。

食べ物によって腸がダメージを受け、「腸内環境が悪化」すると、そこから炎症が起き、その修復にコルチゾールが使われてしまいます。

腸内環境の悪化は、立派な「ストレス」なのです。


注意すべきは、糖分、小麦、乳製品です。

全員ではありませんが、これらの多い食べ物は腸内環境を悪化させます。

とくにデリバリーやコンビニ弁当などで食事を済ませる人のほとんどが、糖分を摂り過ぎています。


糖分の摂り過ぎは「糖化ストレス」を引き起こします。

糖分を摂り過ぎると、その糖分とタンパク質が結びつき、AGEs（終末糖化産物）という物質ができてしまいます。

AGEsは血管にこびりついて動脈硬化を起こしたり、がんのリスクを上げたりなど、さまざまな疾患の要因になります。


ほかにも、小麦に入っているグルテンや、乳製品に含まれるカゼインなどに対して、遺伝的にアレルギーを起こしやすい人もいます。

穀物などにふくまれるカンジダという**カビによって腸が炎症を起こし、それがストレスになる**こともあります。

これらのストレスにより腸内環境が悪化すると、善玉菌が減り、便秘になりやすくなります。

すると腸内で便が発酵するため、それもまたストレスになってしまいます。

そしてカップ麺やお菓子などのジャンクフードは、食べるとお腹いっぱいにはなるものの、栄養が圧倒的に足りていません。

65ページでお伝えしたように、ビタミンやミネラルといった栄養が足りなくなるとミトコンドリアからのエネルギーがうまくつくられなくなり、コルチゾールも十分につくられなくなってしまいます。

「悪い脂肪」が血管にストレスを与える

「休日は家にいても暇だから、ついお菓子などをたくさん食べてしまう」

食べ物によるストレスの発展形として、「肥満」もストレスになります。

血管を綺麗に掃除してくれるアディポネクチン（血管修復ホルモン）という生理活性物質があります。

アディポネクチンは肥大化した脂肪細胞からは出ず、小さい脂肪細胞からのみ出る特性があるため、余分な糖質がお腹の脂肪細胞に蓄積すると、このアディポネクチンの分泌が減ってしまうのです。

つまり糖質の摂り過ぎによって太ってくると、**血管を綺麗にしてくれるホルモンが減り、血管がどんどん汚くなっていく**ということです。

その結果、血管内のストレスは高まり動脈硬化が進行したり、コルチゾールがさらに無駄遣いされたりしてしまいます。

家にいる時間が増えると必然的に運動不足になるため、余分な糖分が燃焼されず、体内に次々と蓄積していきます。

当然、体重も増えますが、それ自体が問題なのではなく、偏った食事から得られた成分が脂肪組織に蓄積し、ストレスを与えることが問題なのです。

発汗量も減っているためデトックスできず、代謝産物も体内に残り続けます。

ストレスだけならまだしも、偏った食生活には病気になるリスクもあります。

生活習慣病の代表であるメタボリックシンドロームは、肥満かつ血圧が高い人や、コレステロールが高い人を指します。つまり、肥満がベースなのです。

そこから、高血圧、糖尿病、さらには心筋梗塞、脳卒中、アルツハイマー型認知症、または血管が詰まったことで壊疽を起こして脚を切らなくてはいけなくなるなど、さまざまなリスクにつながるおそれがあります。

いまいちど、家庭での食生活を見直していただきたいところです。

休日の「昼まで爆睡」が神経ストレスになる

「平日は忙しくてしっかり寝られないから、休日は昼まで寝てしまう」

長時間の睡眠は、**自律神経が切り替わる「リズムの喪失」をまねき、ストレスになります。**

56ページで、自律神経の乱れとは「交感神経と副交感神経、それぞれが優位になるバランスの乱れ」とお伝えしました。

緊張状態で優位になる交感神経、リラックス状態で優位になる副交感神経。

この切り替えが定期的に行われることで、自律神経は正常な状態に保たれます。

しかし、交感神経と副交感神経が切り替わる「リズム」が失われると、自律神経にとって大きなストレスとなります。

1日のなかでは、緊張状態とリラックス状態が切り替わるリズムがおのずとできていきます。

そのリズムが途切れずに毎日続いていくこともまた、安定したリズムの創出につながります。

ところが、「平日は朝早く起きるのに、休日は昼まで寝ている」となると、休日がくる度にそのリズムが崩れてしまいます。

つまり**平日と休日のギャップによるリズム喪失**です。

平日に安定した生活リズムができていても、そのリズムが1日崩れるだけで、自律神経の乱れにつながります。

休めるからといって休日にガラッとリズムを変えると、自律神経が乱れ、反対にストレスが溜まってしまうのです。

「休日は泥のように眠って充電したのに、なぜか身体が重い」

その理由は、ここにあるのです。

「在宅作業」は脳の休息時間を奪う

「家での仕事は切り替えが難しく、オンとオフがわからない」

先ほどの「昼まで爆睡」は、リラックス状態が過度になることでのリズム喪失でした。一方で、リズムの喪失にはもうひとつ別のタイプもあります。

それはリモートワークによって、家にいながら交感神経が優位な状態が続いてしまい、**オンとオフの切り替えリズムが喪失するパターン**です。

私のクリニックを訪れた人の多くが、リモートワークによるリズム喪失を実感していました。

これまでは会社に行くことで仕事時間のオンとオフが強制的に切り替えられていたのが、在宅での仕事になり、**いつから、そしてどこまでが仕事なのかがわからなくなっていた**のです。

定時の時間内で働くと決めていた人でも、つい仕事が気になって、定時後に手をつけてしまったり、夜まで仕事し続けてしまったりしていました。

朝も昼も夜もパソコンに向かい続け、緊張状態が続き、**夜も眠れなくなってしまった**という人は、意外と少なくないのです。

いっときでもリモートワークを経験したことがある人なら、実感できるのではないでしょうか。


また、家での仕事は意外と集中できないこともあります。

ついテレビを見ながらダラダラと作業をしてしまったり、急に家族が話しかけてきたり、子供の面倒を見たりと、複数のことをこなしながら仕事を進めている人もかなり多いようでした。

その結果、効率が悪くなり、遅い時間まで仕事しなくてはならなくなり、オンとオフのリズムがさらに失われていくのです。


これはなにも、リモートワークの人にかぎった話ではありません。

出社して仕事をしている人でも、会社に残業の削減を命じられ、**しかたなく家に仕事を持ち帰って作業を続けている人もいる**でしょう。

この場合も、仕事のオンとオフのリズムが失われているという点では同じです。

このように、家で仕事をすることで、仕事とプライベートのバランスがわからなくなり、ワークライフバランスが乱れ、オンとオフのバランスが乱れ、自律神経のバランスも乱れていくのです。

考えたり集中したりしなくてはならない状態が続くと、その間、脳のエネルギーはどんどん使われていきます。

緊張とリラックスのリズムが崩れると、脳は休まる暇がなくなってしまうのです。

そして**脳を酷使し続けることが、脳にとってストレス**となってしまうのです。

「夜更かし」という最悪のストレス

「金曜日や土曜日の夜は、つい夜更かしをしてしまう」

生活リズムの乱れはストレスになるとお伝えしましたが、なかでも**「夜更かし」は最悪のストレス**になります。

そこには、コルチゾールの持つ「日内変動」という性質が関係しています。

1日をとおして、コルチゾールの分泌量は一定ではありません。

朝に多く出て、昼ごろから減りはじめ、夜になると出なくなる性質があります。

1日の中で分泌量が変動するため、この性質を「日内変動」と呼びます。

朝に多く出るのは、活動開始にエネルギーが必要とされるから。

そして、**朝の太陽光にふくまれるブルーライトが、コルチゾールの分泌を促す**ためです。そのため、日が沈むにつれて分泌量は減っていきます。

ところが、夜遅くまでパソコン作業をしていたり、スマホを眺めていたり、明るい白色灯の下でテレビを見ていたりすると、**ブルーライトを浴びた脳は、夜にも**

かかわらず朝だと判断してしまいます。

そして副腎がはたらいて、コルチゾールが余計に分泌されてしまうのです。

必要だからコルチゾールが出ているのではなく、強制的に分泌している状態、つまり無駄遣いです。

自覚症状がなくとも、やがてコルチゾールは枯渇し、副腎疲労をまねきます。

「そうは言っても、私は夜型の人間なのでしかたない」

こう考えた人もいるのではないでしょうか。

たしかに、朝は元気がなくても夜になるとエネルギーがみなぎる人はいます。

しかし夜型の人というのは、すでに**コルチゾールの日内変動のリズムが乱れてしまっている人**です。

夜遊びや夜更かしによってコルチゾールが夜にも出るようになると、分泌のリズムが崩れ、本来は出なくてはいけない朝にコルチゾールがまったく出なくなります。

そのため朝の目覚めが悪くなり、昼ぐらいになるとようやくコルチゾールが出はじめ、気力がわいてくる。

つまり、朝はほとんど元気がないのに夕方から夜にかけて元気になる人は、コルチゾール分泌のリズムがかなり乱れている状態なのです。

クリニックにくる患者さんに、「めちゃくちゃ元気なときを10としたら、朝、昼、夜はどれくらいありますか？」と聞くと、疲労が強い人の大半は、朝は1とか2、昼になってようやく3から4、夜は7や8と答えます。

本人は問題視していなくても、夜型は身体的にはあまり良い状況ではないのです。

人類は何万年ものあいだ、日中は外で狩りをして、夜は洞窟で眠りにつく生活をおくってきました。

そのため人間の体には、朝、太陽の光を浴びるとホルモンが出て活動的になり、日が沈むと休息モードに入る、そんな**ホルモン分泌のリズムが生体システムとして組み込まれています**。

そのシステムに反した生活リズムを続けていても、その崩れたリズムに適応していくことはないのです。

現代社会で逃れられない「孤独」というストレス

「休日はずっとひとりで家にいて、テレビやSNSを眺めて過ごしている」

この章の最後に、現代においてもっとも問題になっているストレスを紹介します。それが、**「孤独」というストレス**です。

心理学者のアドラーは、「人間の悩みは、すべて対人関係の悩みである」と提唱しました。

たしかに、わかり合えない他者と交流することは多大なストレスとなります。ですが人とつながることは、ときに自己肯定感や充実感も与えてくれます。

他者と交流するストレスがない状態、つまり「過少ストレス」な状態もまた、精神的ストレスとなってしまうのです。

実際に、不調を訴えてクリニックを訪れる人に、**ひとりでくらす高齢者や、仕事を引退して人との関わりが減った中年層**が増えています。

これまでは町内の会合やゲートボールでご近所の方々と、会社で上司や部下とコミュニケーションをしていたのが、コロナウイルスの流行や定年退職を機に交流がなくなり、孤独を感じてしまっているのです。

とくに、もともと職場での会話が少ない人のほうが、引退後は大きな孤独感を持つおそれがあります。

一見すると、もともと人と話すことが好きな人のほうが、その機会が減った影響を受けるように思うでしょう。

ですがそういった人は、引退後もたまに会話ができればつながりを感じられます。

一方で、同じ空間にいることにつながりを感じていた人は、引退すると他者とのつながりをまったく感じられなくなり、大きな孤独感に襲われてしまうのです。

人との交流が減ったことによる「孤独」もまたストレスとなり、コルチゾールの分泌を促してしまうのです。

SNSによって他人とつながることで孤独感は和らぐと考える人もいます。

一理あるかもしれませんが、それ以上に、他人の充実した生活を見て僻みや妬みを持つなど、ストレスを増長させてしまうことも多いでしょう。

ここまで、おうちにいることで生じるストレスと、その影響についてお伝えしてきました。

しかし、ストレスの果てに待つものは、「疲労」だけではありません。

ストレスは、予想以上に私たちの身体や脳を蝕みます。

序章で紹介した「6つのサイン」は、ストレスに蝕まれまいとする身体が発する「危険信号」なのです。

では、いったいなにに対する危険信号か。

2章では、ストレスが引き起こすさらなるリスクについてお伝えしていきます。

2章

おうちストレスが引き起こす「疲れ」より怖いもの

「おうちストレス」でメンタル不調を訴える人たち

「はじめに」で紹介した、リモートワークによって疲労感を持った大学職員の事例ですが、じつは後日談があります。

当初、疲労を訴えて相談にきた彼に、私はいろいろと話を聞いたりアドバイスをしたりしました。

ですが、しだいに元気がなくなっていった彼は、精神的に落ち込みはじめ、**最終的にうつを発症し、心療内科にもかかることになってしまった**のです。

同じように、メンタルの不調を訴えた20代の女性もいました。

彼女もやはり家で仕事をすることが増えていて、最初は動悸の疑いで私のところに相談にきました。

話を聞くと、コロナウイルスの流行をきっかけに家にいることが多くなり、外にも出なくなり、しだいに不安が強くなり、動悸のような症状が出てきたそうです。

この人は先ほどの大学職員のような、家で仕事をやり過ぎてしまうタイプではなく、反対に在宅によって仕事が楽になり、オフの時間が増え、やることがなくなってしまったタイプでした。

それにもかかわらず、メンタルに不調が出てしまったのです。

つまり、家にいることで忙しい人もそうではない人も、どちらもメンタルに不調をきたしていました。

また別の人の事例を紹介します。

「なんとなくの不調」を訴えてクリニックを訪れた、40代の女性がいました。

胸の違和感が長く続き、もういくつも病院を渡り歩いているといいます。

でも、どの病院でも「どこも悪くない」と言われて、困り果てて私のところに来たそうです。

たしかに私のところで検査しても、なにも悪いところはありませんでした。

そこで、その人に「本当に心臓が悪いと思っていますか？」と聞いてみたのです。

するとその女性は、「思っていません」と答え、**その場で突然、堰を切ったよう**

に泣き出してしまいました。

心臓が原因ではないことをはじめて理解してもらえたと感じて心が軽くなり、つい感情が溢れてしまったようです。

泣きはらした彼女は、少し気持ちが楽になったと言って帰っていきました。

彼女は、「自分の抱える不調は精神的なものではなく、絶対に身体的な不調なのだ」と自分に言い聞かせていたのです。

裏を返せば、「体がどこも悪くないのに不調を訴えてはいけない」「病状がないと誰も理解してくれない」と、自分を追い込んでいました。

そして、身体的な原因を探すためにいくつもの病院にあたっていたのです。

じつは、**「おうちストレス」がきっかけになってメンタルに不調をきたしてしまう人が**、最近は増えているのです。

当然そこには、医学的な因果関係があります。

しかし、患者自身だけでなく多くの人が「家で快適に過ごしているのにメンタルが病むわけがない」と考えてしまい、周囲に言い出せなかったり、助けを求めたものの理解してもらえずに困っていたりする状況なのです。

まずはこの思い込みを捨て、**「おうちにいてもメンタルの不調は起きる」**ということを理解していただきたいと思います。

読者のなかには、「ストレス解消法を早く教えてくれ」と思う人もいるでしょう。そんな人は、この章を飛ばして実践編の3章に進んでもかまいません。

ですが、クリニックで泣き出してしまった先ほどの女性のように、**不調の原因がわかるだけでも、気持ちは軽くなります。**

ストレスは放置されることで、疲労やメンタルの不調のみならず、その他の多くの悪影響につながります。

いま不調を抱えている人は、それが「おうちストレス」によるものではないか、この2章で確認していきましょう。

ストレスで暴走した扁桃体による「ハイジャック」

先ほどの事例のように、ストレスはやがてメンタルの不調もまねいてしまいます。

とはいえ、人体はその負の連鎖を見過ごしているわけではありません。

1章で、コルチゾールはあらゆるストレスをリセットするとお伝えしました。

血圧を正常にしたり、炎症を治療したりする他、乱れた自律神経のバランスを整えたりするはたらきもあります。

そして当然、感情の乱れや脳の疲労を引き起こす精神的なストレスに対しても、コルチゾールはその緩和に努めます。

そのメカニズムが、**ホルモンの持つ「フィードバックシステム」**です。

少し専門的な話になりますが、解説します。


人間にかぎらず、動物の脳の真ん中には扁桃体という部位があります。

精神的なストレスや不安、興奮、これらの感情を支配するのが、この扁桃体です。

扁桃体は精神的なストレスを感じると、それを知らせるために脳の視床下部に刺激を送ります。

その刺激を受け取った視床下部は、下垂体に向かってCRF（Corticotropin Releasing Factor）というホルモンを分泌します。

そして下垂体はCRFを受け取ると、ACTH（副腎皮質刺激ホルモン）を出して副腎に命令を出し、その命令を受け取った副腎が、ストレスを沈静化させるためにコルチゾールを分泌します。

分泌されたコルチゾールが扁桃体に「もうそろそろ信号を抑えようよ」とはたらきかけ、視床下部や下垂体から分泌されるホルモンは抑えられるのです。

これが、ストレスを沈静化させるためのフィードバックシステムです。

ストレスを感じた扁桃体が起こすこの反応は、「ファイト・オア・フライト反応」と呼ばれます。

目の前に敵が現れたときに、扁桃体は体を緊張状態にする信号を送り、**「戦いを挑むか、それとも飛んで逃げるか」と瞬時の判断を迫る**のです。

本来は、命が脅かされる状態になったときにだけ発動されるシステムです。

生命を脅かされる危機がほとんどない現代人には必要のない機能でもあります。

ですが、これは哺乳類が分類学上、枝分かれする前から脳の奥底にある古い機能なので、私たちの脳にも残っています。

つまり**人間は、脳の構造的にストレスを感じやすい生き物**なのです。


そのため、それほどたいしたことのない出来事にも扁桃体が反応して、ストレスを感じてしまいます。

現代には命の危機といった緊急自体はなくても、1章で紹介したように、私たちは日々、慢性的なストレスを受けています。

そういった小さなストレスにも、扁桃体は反応し、CRFの分泌を促します。

つまり私たちの身体は常時、**扁桃体の防御反応に支配されている状態、いわば「ハイジャック」されている状態**なのです。


ハイジャック状態が続くと、コルチゾールは分泌され続け、やがて枯渇します。

そしてホルモンのフィードバックシステムが機能しなくなり、ストレスを抑制できなくなってしまいます。

もちろん精神的なストレスも抑えきれなくなるため、より深刻なメンタル不調を引き起こしてしまう可能性もあります。

それではなぜ、抑えきれなくなった精神的ストレスは、感情の落ち込みや暴走といったメンタル不調を引き起こしてしまうのでしょうか。

そこにも、扁桃体による作用が関係しています。

暴走した扁桃体が「メンタル」をバグらせる

慢性的なストレスによって扁桃体が暴走し、身体をハイジャックしている状態は、感情の暴走やメンタルの不調をまねいてしまいます。

なぜなら、**扁桃体には前頭葉の働きを抑える作用がある**ためです。

前頭葉は、自制心など、いわゆる理性をつかさどる場所です。

この前頭葉のはたらきが暴走した扁桃体によって抑制されると、「落ち着きがなくなる」「興奮する」「気が散る」など、**いままでの自分と同じことができなくなっていきます。**


いつもの自分と違う感情が続くと、人は不安や自己嫌悪を覚えていきます。

そして、不安感情がしだいに恐れや怒りに変わり、感情の暴走をまねきます。

たとえばコロナウイルス流行下でも、ワクチン供給の遅さやマスクをしない人に対してものすごく怒っている人がいました。

「自分がコロナウイルスにかかったらどうしよう」という不安が、やがて「この不安はワクチン供給の遅さや、マスクをしない人たちのせいだ」と、怒りに変わってしまったわけです。人は突発的に怒るわけではありません。不安だから怖くなり、怖いから怒ったりするのです。

ここまでの流れをまとめると、「おうちストレス」がメンタル不調を引き起こすメカニズムは次のとおりです。

まず、家にいることで受ける慢性的な「おうちストレス」によって、コルチゾールが無駄遣いされる。

やがてコルチゾールが枯渇し、ホルモンのフィードバック機能がはたらかなくなり、扁桃体が暴走する。

扁桃体の暴走は前頭葉の機能も抑制し、感情のフタが外れ、本能のままに思考や行動してしまうようになる。

安定しない感情や、理性的でない自分の状態に嫌悪感を持ち、それがまた精神的ストレスになり、メンタルを病んでいく。

このように、慢性的なストレスが過多になると、**感情の乱れ、行動の乱れ、副腎疲労、この3つが並列に起き、互いに作用し合う負の連鎖**が起きてしまうのです。

これが「おうちストレス」からメンタル不調に発展するメカニズムです。

おうちストレスは「記憶力」も低下させる

扁桃体の暴走は、**海馬の萎縮**も引き起こします。

海馬は記憶を司る脳の部位で、この機能が優秀なほど記憶力が高いといわれます。

ですが、扁桃体はストレスを感じると海馬にまで刺激を送ってしまいます。

扁桃体からの刺激によって海馬は萎縮し、記憶力も低下し、反対に扁桃体が肥大していくのです。


扁桃体が海馬に刺激を送ってしまうのは、不安を感じる出来事が起きたときに、その一連のエピソードを記憶するためです。

再度おなじような事態が訪れたときに対応するための、脳のはたらきです。

このはたらきは、猿を使った動物実験で明らかにされました。

猿に鐘の音を聞かせ、その後、電気刺激を与えるのを繰り返したところ、やがて猿はカンカンカンという鐘の音が聞こえると体が縮み上がるようになりました。

海馬に「この音が聞こえると電気が流れる」という経験が記憶され、そのための防御反応として体が緊張状態に入ったのです。

この記憶づけを指示するのが扁桃体です。扁桃体が海馬に刺激を送って、**「いまストレスを感じたから、この経験を覚えておいて！」**と伝えるわけです。

これのなにが問題かというと、不安の経験を記憶した海馬は、次に似たような状況に陥ったときに「前にも同じような事態がありましたよ」と、**今度は海馬から扁桃体に刺激を出してしまう**のです。

実際に不安を感じる状況でなくても、過去と同じ状況になっただけで海馬が勝手に反応して扁桃体に刺激を送り、コルチゾールが分泌されてしまいます。

コルチゾールの過剰分泌は副腎疲労につながりますし、海馬が不安経験ばかりを記憶していくと、本当に大事なことが記憶できなくなってしまいます。

扁桃体が過剰に作動すると、こういった悪循環も起きてしまうのです。

「糖ストレス」がメンタルを不安定にさせる

1章では、「食生活の乱れ」が「腸内環境の悪化」というストレスになるとお伝えしました。

しかし「食生活の乱れ」は、感情にも直接的な影響を及ぼします。

ここでも問題になるのは「糖分」です。

糖分によるストレスが、感情を不安定にさせます。

人は甘いものやジャンクフードを食べると幸せになります。

しかし数時間後にはふたたびお腹が空き、イライラしたり、落ち着きがなくなったりしてこないでしょうか。

これは糖分の影響で、感情がアンコントロールな状態になっているのです。

家で手軽に食べられるものの大半には「糖分」が多く含まれています。

糖分を摂ると体内の血糖が上昇するため、甘いものや糖質の多い食品を食べ過ぎていると、血糖はたちまち急上昇。すると身体は、上がりすぎた血糖値を元に戻すためにインシュリンというホルモンを分泌します。

ところが、血糖値は元に戻るどころか、今度は逆に下がり過ぎて低血糖状態に。糖分は人間が生きていくために必要な成分なので、**それが足りない低血糖状態は、人体にとっては緊急事態**です。

低血糖状態が続くと死んでしまうため、脳は「なんとかしなきゃ」と焦ります。そこで今度は、アドレナリンというホルモンを分泌して血糖を上げようとします。「早く動いて、なんとかしろ」と、**体を緊張状態にする**わけです。

そのため落ち着きがなくなり、切迫感によってイライラします。

身体が緊張状態になるわけですから、当然、自律神経のバランスも乱れます。さらには、アドレナリンが出すぎると、今度はそれを抑えるために、またインシュリンが出ます。

こうなると、**もはや血糖値はジェットコースターのように乱高下する**ことに。その変動にともなって感情も上がり下がりし、不安定になってしまうのです。

糖分を摂って4、5時間もすると、インシュリンの過剰作用で体は低血糖の状態になることがあります。

よく夕方になるとイライラしだす人がいますが、昼食で摂った糖分が切れて低血糖状態になり、感情が乱れているのです。


じつは、この血糖値の上昇やインシュリンの分泌にも、コルチゾールのはたらきが関与しています。

血糖は血液を流れている糖分なので、そのままでは体の中に栄養として入っていきません。

この血糖を吸収して体の細胞に栄養を与えるために、血糖値を上げて、その状態でインシュリンをたくさん出して、細胞内に糖分を取り込ませようとするのが、コルチゾールなのです。


しかし近年では、このインシュリンがさまざまな病気の要因になるとわかり、**インシュリンの値を上げないことが健康な体を保つために大事**だといわれています。

また、インシュリンは糖分だけでなく脂肪分も血流から体内に取り込みます。つまり、肥満も促進させます。

糖分の摂取過多による血糖の乱高下は、感情を乱すだけでなく、さまざまな病気や肥満のリスクにもなるのです。

少し話が逸れましたが、メンタル不調の話に戻しましょう。

血糖値の乱高下によって感情が不安定な状態は、精神的なストレスとなります。よって糖質による感情の乱れはコルチゾールの出番を増やし、副腎疲労を加速させてしまうのです。

やがてコルチゾールが切れてストレスを緩和できなくなると、ネガティブな感情になったり、周囲に対して気持ちが苛立ったりしてしまうなど、さらなるネガティブ感情が出てしまいます。

さらに悪いことに、**コルチゾールが不足すると、脳は糖分を摂取することでコルチゾールを絞り出そうとします。**

カフェインと同様に糖分にもコルチゾールを絞り出すはたらきがあるためです。

その結果、お菓子やジャンクフードをさらに求めてしまい、再度、血糖値の変動をまねいてしまいます。

糖分をたくさん摂るから、血糖が乱れてコルチゾールが無駄遣いされる。コルチゾールが足りないから、それを補うために糖分を求めてしまう。このような悪循環ができてしまうのです。

メンタル不調を感じている人で、糖分や塩分が多い食生活に自覚がある人は、まずはそこからあらためてみましょう。

おうちストレスは「不眠」もまねく

ここまで、ストレスによってメンタルの不調が引き起こされるメカニズムについて説明してきました。

でも、ストレスの怖さは疲労だけではありません。

2章の後半では、ストレスが引き起こすさらなる悪影響についてお伝えします。


まずは睡眠への影響です。おうちストレスは、睡眠の質も悪化させます。

これには、睡眠を誘発するメラトニンというホルモンとコルチゾールの関係が影響しています。


メラトニンが適切に分泌されないと、睡眠の質が低下し、十分な睡眠時間を確保できていても眠気がとれず、朝から活発に行動できなくなります。

メラトニンは午前中に日光をたくさん浴びることで、夜の分泌量が増えます。つまり分泌の12時間前から、その準備がはじまっています。


ところが、**コルチゾールはメラトニンの分泌を抑えてしまいます。**

本来、コルチゾールは朝の日光を浴びると多く出て、午後はあまり出ないため、メラトニンの分泌には影響を与えません。

ですが、「昼まで爆睡」で生活リズムが崩れたり、「夜更かし」で遅くまでパソコン作業をしていたりすると、夜もコルチゾールが分泌され、メラトニンの分泌を阻害してしまうのです。

また単純に、体が慢性的なストレスを感じていて、常時コルチゾールが分泌されているような状態でも、メラトニンの分泌は滞ります。

睡眠不足は疲労のステージ1とも呼ばれます。

慢性ストレスによってコルチゾールが無駄遣いされ、副腎疲労になりかけてくると、その状態が睡眠の質の低下となって発露するのです。

「ストレス」が先か、「肥満」が先か

1章で、「肥満もストレスになる」とお伝えしました。

ですが反対に、ストレスによって副腎疲労になると、肥満を加速させます。

ストレスが先か、肥満が先か。**鶏と卵のような関係**なのです。

これにはいくつかの要因があります。

副腎疲労になると、コルチゾールの分泌量を上げるために、脳は糖分を求めるようになるのは先ほどお伝えしたとおりです。

そして糖分によってインシュリン量が増えて、血管から体内に取り込まれる糖分も増えます。

ですがさらに、ホルモンにも悪影響を与えて肥満を加速させてしまうのです。

食欲を抑制する「レプチン」と、食欲を高める「グレリン」というホルモンがあります。人はお腹が空くとグレリンを分泌して食欲を高め、満たされてくるとレプチンを分泌して食欲を抑えます。

しかし、**体内のコルチゾールが増えると、レプチンは減少します。**

つまりお腹がいっぱいになる感覚が鈍くなり、食べ過ぎてしまうのです。

コルチゾールによってレプチンが減少する明確な理由は、まだわかっていません。

コルチゾールは体を元気にするために栄養を摂り込もうとする役割がありますから、「まだ栄養が足りない」「もっと食べろ」という意味で、レプチンを減少させているのかもしれません。

そのため、**副腎疲労の状態でコルチゾールがつねに出続けている人は、レプチンが減り、体が溜め込みモードになっているため、太りやすくなります。**

食事量を抑えていても、栄養分の摂取効率が高いため、痩せづらくなるのです。

反対に、ストレスが溜まったことで痩せる人はあまりいません。

ストレスフルな人のイメージというと、どこか栄養が足りていなくて、ガリガリで生気の薄い人といった印象がありますよね。

ですがこれまでの患者さんたちを診ていても、**体格がガッシリしていて、ちょっと小太りくらいの人のほうが、ストレスに対処しきれずメンタルを崩していました。**

つまりストレスフルな人ほど、肥満になりやすく、メンタルも崩しやすいのです。

肥満気味の人が「ストレスを感じる」と言っても、周囲は「ご飯もしっかり食べているし、元気そうじゃない」と、理解してもらえないことが多いかもしれません。

そういった言葉によって、ＳＯＳ信号を出せなかったり、自分でも「そうだよな」と思い込んでしまったりして、無理して頑張ってしまうのです。

「肥満」は副腎疲労の初期症状でもあります。

「たくさん食べているから大丈夫」「やつれていないから大丈夫」と思わず、痩せにくくなったらストレスが溜まっていると考えて、生活を見直してください。

ただし、**安易に「糖質」を厳しく制限するのも考えもの**です。

たしかに、砂糖やジャンクフードの中毒性によって糖質依存になり、その影響でコルチゾールが無駄遣いされている人は、糖質を控えると状態が良くなります。

一方で糖質は、コルチゾールの材料にもなります。

別の原因によって副腎疲労が起きていて、コルチゾールが足りず、糖質を摂ることでなんとかコルチゾールを分泌しているという人もいます。

そういった人が糖質を制限してしまうと、逆に具合が悪くなったり、気力がなくなったりしてしまいます。

つまり、その不調が「糖質依存」によるものか「副腎疲労」によるものかで、糖質の与える影響が180度変わってしまうのです。

糖質依存だから血糖が乱れてコルチゾールが多く出ているのか。

副腎疲労でコルチゾールが足りないからそれを補うために仕方なく糖質を求めてしまうのか。

どちらが根本原因かはわかりづらいことです。

「糖質制限ダイエット」が流行っているように、糖質は悪役になりがちですが、無理に制限するのではなく、自身の状態を観察しながら様子を見て食生活を見直していきましょう。

ストレスがまねく「甲状腺異常」と「更年期障害」

おうちストレスによる副腎疲労は、甲状腺の機能にも悪影響を与えます。

甲状腺は喉仏の下あたりにある蝶のような形をした臓器で、「甲状腺ホルモン」

を分泌するはたらきがあります。

この甲状腺ホルモンが出すぎてしまうことを「甲状腺機能亢進症」といい、代表的なものはバセドウ病です。

反対に、甲状腺ホルモンの分泌が足りなくなるのが「甲状腺機能低下症」で、橋本病がその代表格です。

橋本病のおもな自覚症状は、むくみやだるさ、無気力など、まさに「疲労」の症状として自覚されるものです。

甲状腺ホルモンが出にくくなるのも、じつはストレスが影響しています。

橋本病は、通常は外敵から身を守る免疫機能が、反対に自分の体を攻撃してしまう自己免疫の異常によって起きる疾患です。

発見から100年以上が経ちますが、自己免疫の異常がなぜ起きるのかは、いまだ明らかになっていません。

とはいえ、**免疫機能を破綻させる原因のひとつはストレス**です。

副腎疲労によってコルチゾールが減ってストレスが抑えられなくなることが、引き金のひとつになることは明らかです。


また、甲状腺の異常は肥満にもつながります。

甲状腺ホルモンがたくさん出ると代謝がよくなるため、痩せやすくなります。

反対にあまり出なくなると、代謝が落ちて太りやすくなります。

先ほど、ストレスによって肥満になると説明しましたが、その影には、甲状腺の乱れが関係している場合もあるのです。

つまり肥満が副腎疲労の影響という場合もあれば、人によっては甲状腺に異常があり、そこを治療しなくてはいけないこともあるということです。


さらにストレスは、更年期障害にもつながります。

思春期、性成熟期、更年期、老年期、女性は人生で4つのステージを経験します。

更年期は一般的に45~55歳ごろといわれ、この時期に頭痛やめまい、不眠、不安、イライラなどの症状が現れることを更年期障害と呼びます。

これは年齢を重ねたことで卵巣の機能が低下し、エストロゲンなどの女性ホルモンの分泌が減少し、ホルモンバランスが崩れることが原因といわれています。

この女性ホルモンの減少にも、コルチゾールが影響を与えています。


コルチゾールはホルモンであり、その原材料のひとつがコレステロールです。

そして女性ホルモンもまた、コレステロールからつくられていきます。

人間の体は、**同じコレステロールからどれくらいの配分でコルチゾールをつくるか、女性ホルモンをつくるかを判断しています。**

ところが副腎疲労になると、コルチゾールがたくさん必要になります。

不足を補うため、コレステロールはコルチゾールをつくることに優先的に使われていきます。

そうすると、もはや女性ホルモンをつくる余裕がなくなります。

結果的に女性ホルモンが減ってしまい、更年期障害につながるというわけです。


この対策としては、良質な油を摂ることが有効です。

くわしくは123ページで紹介しますが、良質な油はコレステロールの元になるだけでなく、体内の炎症を治してくれる効果もあります。

コルチゾールは炎症を治すことにも使われてしまいますから、そこを良質な油で補うことで、コルチゾールの無駄遣いを抑える効果もあります。

重度のストレスは「死」をまねく

ストレスによる重篤な疲労感は、**死につながる重大な病気を誘発する**可能性もあります。これに関しては、論文や調査結果がいくつもあります。

なかでも2016年にイギリスのアバディーン大学が行った調査の結果は、疲労感があるというだけで死亡率が上がることを明らかにし、衝撃を与えました。

これは疲労が健康に及ぼす影響について、ノーフォーク州の約30万人を16年間にわたって追跡して行われた調査です。

この調査では、対象者たちはアンケートの回答によって、いちばん倦怠感が少なかったグループと、いちばん倦怠感が高かったグループに分けられました。

その後、両グループを比較しながら追跡調査していくと、**倦怠感を感じていたグループのほうが、倦怠感のないグループよりも1・45倍も死亡率が高かった**のです。

亡くなった人たちの死因を見ると、とくに心臓血管系の異常による死亡が多かったようです。要するに、心臓発作などの突然死です。

これは単純に「疲労感」の違いのみでグループ分けされ、比較された実験であったため、世界に衝撃を与えた調査でした。

これまでにお伝えしたように、疲労感の強い人はストレスが多く、ストレスが多い人は自律神経が乱れています。

自律神経の乱れとはつまり緊張状態が多いということであり、自律神経の緊張は血管にも影響します。

なぜなら血管は緊張していると収縮し、リラックスすると広がるためです。

ゴムのチューブを引っ張ったり緩めたりしているところを想像していただくと、わかりやすいのではないでしょうか。

この緊張とリラックスのバランスが崩れて、**緊張状態が極限までいくと、血管は細くなり、血栓などが詰まりやすくなってしまいます。**

そして、心筋梗塞などの重大な病気を引き起こしてしまうのです。

また、冠攣縮性狭心症《かんれんしゅくせい》という病気があります。

心臓に酸素や栄養を送っている冠動脈が突然痙攣を起こして狭くなり、一時的に心臓に十分な血液が行き届かなくなり、胸痛や圧迫感などの症状が起こる病気です。

この原因がストレスだということも、昔からいわれていることです。

ストレスによる自律神経の乱れや、ストレスそのものが、これらの重大な異常や心臓発作を起こすのです。

アバディーン大学の調査で心臓血管系の異常による死が多かったのは、この可能性が高いと考えられます。

通常、心筋梗塞といえば糖尿病である人や、血圧が高い、太っている、タバコを吸っているといった人に多い病気でした。

しかし最近は若い人にも多く、これらの要因がなくても、ストレスがあるというだけで起きる病気になってきています。

また、昔はこういった心臓疾患による発作の病気は、ほとんど男性に起こるものだといわれていましたが、いまは女性にも増えてきています。

カナダの心臓病学会で数年前に公開された、ある動画があります。

それは「心臓発作に気をつけよう」というメッセージを伝えるキャンペーン動画でしたが、この動画で登場したのは、「母親」でした。3歳と0歳の子供を抱えた母親が、朝、慌ただしく朝の準備をしている場面です。

0歳の子供を抱えながら3歳の子の朝食をつくり、さあ会社に行こうといったところで、台所で倒れてしまいます。

女性を主役にしたこの動画は大きな反響を呼び、**育児と家事をこなしながら働き、大きなストレスを抱える女性が増えた**こと、そしてそういった女性の心臓疾患のリスクを意識させることになりました。

このように、ストレスやコルチゾールのレベルが重大な心臓疾患につながってしまう症例や調査はいくつもあります。

しかし、心筋梗塞は突然起こることであり、事前にデータを取ることが困難なため、どのような人が心筋梗塞などの症状を起こすかについては調査が難しく、なかなかデータがありません。

ただ一方で、心筋梗塞を起こしたあとは、**コルチゾールが少ない人のほうが亡くなりやすい**ということがわかっています。

コルチゾールは体のストレスを元に戻そうとするホルモンなので、正常に分泌されれば、心筋梗塞の影響を早く回復させるはたらきが機能します。

反対に、大きな病気になったときに副腎疲労の状態であった場合、コルチゾールが十分につくられず、そこから回復できずに命を落としてしまうのです。

配偶者の死や、心臓発作といった大きなショックで、体内のコルチゾールがいっきに枯渇してしまう人もいます。

副腎疲労の状態は、こういった発作を誘発するばかりでなく、その**ダメージか**

ら立ち直る回復力をも下げてしまうのです。

また、コルチゾールが枯渇してしまうと、いわゆる虚脱感や虚無感に襲われ、人によっては自殺願望すら抱いてしまいます。

倦怠感のある人や活動量が消耗した人は燃え尽き症候群や心臓病にかかりやすいという論文もあります。メンタルに不調をおよぼし、うつにもつながってしまうことも、この章の前半でお伝えしました。

ここまでお読みいただき、ただの「ストレス」だからといって放っておくことの危険性を十分に理解していただけたかと思います。

「おうちストレス」はそれが原因で寿命まで縮んでしまうかもしれない、とても危険な状態であり、早急に改善策を行っていただきたい状態なのです。

「セルフコーピング」でストレスのケアを

私たちは、こういった日々受けるストレスを解決したり、または緩和したりするためのさまざまな工夫を無意識のうちにしています。

その工夫を「コーピング」といいます。

「気にしないようにさっさと忘れるようにする」「外を歩いて気分転換する」または「誰かに八つ当たりしてすっきりする」、これらはすべてコーピングです。

このコーピングがうまくできていれば、ストレス対策は完了します。

ところがストレスが慢性化し、コーピングによって対処しきれなくなると、ストレスのダメージが蓄積してしまいます。

「おうちストレス」の多くは慢性的であり、無意識のコーピングでは解消しきれなくなります。

だからこそ、**意識的にコーピングを行って積極的に解消する**必要があります。

糖質やカフェインを控えるといった副腎のケアだけでなく、なにか体にいいことをするのはすべて、間接的には副腎をケアすることになります。

たとえば腸内環境を整えること。

直接的にコルチゾールを増やすことにはなりませんが、腸内のストレスが緩和されて炎症などが減れば、使われるコルチゾールは減り、副腎の出番も減ります。

汗をかいて添加物などを排出してデトックスする、身体疲労を取るために姿勢を変えたり体を動かしたりする、リラックスする音楽を聴いたりアロマを嗅いだりするなど、こういった行為はすべてコーピングであり、副腎のケアにつながります。

そして、そんな自分が気持ちよくなるもの、気分がよくなる方法を、**いくつかリストアップしておく**ことが重要です。

外を散歩していると気持ちいい。

こんな音楽を聴いていると気持ちいい。

このテレビ番組を見ていると気分が楽になる。

そんな、ストレスがリセットされるような方法をいくつか挙げておき、ストレスを感じたときにコーピングとして実践するのです。

わざわざリストアップするのは、ストレスによってメンタルに影響がでると、思**考も変化して脳がいつもと違う状態になり、「自分が気持ちよくなれること」が思いつかなくなってしまう**ためです。

そして、イライラしたり甘いものを食べたりと、短絡的な行動をとってしまう。

さらには「なにをやるか考える」こと自体も、新たなストレスになってしまいます。

だからこそ、思考せずに機械的にストレス解消法を実践できるように、あらかじめリストアップしておくのです。


次の章からは、コーピングとしておすすめしたいストレス解消法や、ストレスを溜めないための工夫を紹介していきます。

どれも、今日から簡単に実践できる方法だけを紹介しています。

「やってみたい」と思ったものからはじめてみてください。

とにかくなんでもいいからやってみることが大切です。

3章

毎日のストレスをリセットする「最高の生活」

腸のストレスを取る「リカバリー物質」

家にいることで、私たちは慢性的なストレスを受ける。

疲労回復ホルモンであるコルチゾールで対処するも、やがて枯渇する。

そしてストレスが緩和できなくなり、身体的、精神的、神経的な疲労が生まれる。

これが、ここまでにお伝えしたことです。

つまり、「おうちストレス」を溜めないために私たちができることは、**「ストレスを減らす行動」**と**「コルチゾールの貯蔵量を増やす行動」**をすることです。

本書の後半では、そのための具体的な方法を紹介していきます。

まず3章では、日常の生活で実践できる、「ストレスを溜めない生活習慣」を紹介していきます。

とくに効果的なのが、家で手軽にできて、大きな効果をもたらしてくれる**「食習慣の見直し」**です。

コルチゾールの生成を促すなど、ストレス解消効果のあるリカバリー物質を摂るための方法を紹介していきます。

ビタミンとミネラルを摂る

コルチゾールの元となるエネルギーは、人間の細胞内にあるミトコンドリアでつくられます。

ミトコンドリア内の回路でＡＴＰ（アデノシン三リン酸）と呼ばれる物質がつくられ、すべての生物はこの物質から生まれるエネルギーによって活動しています。

このミトコンドリアの回路を活性化させ、ＡＴＰがつくられる速度を速めるのが、**ビタミンＢやミネラルなどの栄養素**です。

ところが、家にいる時間が長くなり、インスタント食材中心の食生活になってしまうと、これらの栄養素が不足してしまいます。

また、家での食事は糖質が多くなりがちですが、糖質が代謝されてエネルギーに変わるときに、ビタミンＢ１が使われてしまいます。

つまり糖分過多な食事をするだけで、ビタミンB1は減ってしまうのです。

他にも、ビタミンはB2が脂質、B6がタンパク質の代謝に使われてしまうため、B1だけでなく、ビタミンB全般を意識的に摂る必要があります。


ビタミンが摂れる食べものは、**豚肉**、**ネギ**、**ニラ**、**ニンニク**など。

ニンニクに入っているアリシンはビタミンB1の吸収を高めてくれるため、より効果的にエネルギーが高まります。

そしてとくにおすすめしているのが、**ブロッコリーなどのアブラナ科の食べ物**。

ビタミンが豊富なのと、肝臓の解毒能力を高め、毒素を体外に排出する機能も高めてくれます。

イミダゾールペプチドを摂る

「渡り鳥は、なぜあれだけの距離を飛行しても疲れないのか?」

この疑問を発端にして見つかったのが、イミダゾールペプチドです。

研究の結果、渡り鳥の羽を動かす胸肉の部分にはイミダゾールペプチドが多く存在し、これが**疲労の原因である活性酸素を抑えている**とわかったのです。

他にも、カツオやマグロなどの回遊魚にも多く含まれています。

これらを積極的に食べることでイミダゾールペプチドを摂取でき、活性酸素によるストレスを減らすことができます。

タウリンを摂る

タウリンはよくエナジードリンクに入っている成分です。

ミトコンドリアの機能を改善してくれるのにくわえて、肝臓の機能も改善してくれます。「二日酔い予防にはシジミが効く」といわれるのは、シジミはタウリンが豊富で肝臓の機能を高めるためです。他にはタコやイカにも多くふくまれています。

肝臓の機能が上がると、解毒機能も高まります。

普段食べているものによって溜まってしまった毒素の分解にもつながるので、積極的に摂りたい成分です。

食物繊維・オリゴ糖・水分を摂る

1章で説明したように、腸は食べ物によってストレスを受けます。腸は食べものから体に良いものだけを吸収し、不要なものをブロックするはたらきがあるため、腸の機能が落ちると悪いものが自由に体に入ってきてしまいます。腸内の環境をよくするためには、**野菜、果物、海藻類などの食物繊維**をしっかり摂りましょう。

そして、腸内の善玉菌の餌になるオリゴ糖もおすすめです。玉ネギ、ゴボウ、アスパラガス、そしてヨーグルトやハチミツに含まれています。甘いものを我慢できないという人は、**まずは砂糖をハチミツに替える**ことからはじめてみるといいでしょう。

とはいえ糖分には変わりないので、摂り過ぎには注意です。

そして腸の負担を減らすためには、水分が欠かせません。

腸が脱水状態になると便が硬くなり、腸内に滞留する時間が長くなります。

やがて発酵しはじめ、ガスが発生しておならが増えます。

つまりおならがたくさん出るのは**腸内環境がうまくはたらいていないサイン**です。

うまく消化できずに腸に食べたものが溜まっているため、水分を摂って便を柔らかくして、外に出やすくしてあげるとよいでしょう。

良質な油を摂る

魚の油、アマニ油、エゴマ油、またはオリーブオイルなど、油の中でも**オメガ3といわれる油は腸の炎症を抑えます。**

腸内環境が悪い人は必ずオメガ3を摂りましょう。

一方でオメガ6や、サラダ油などの植物油は腸の炎症を増やしてしまいます。

料理でサラダ油を使っていたり、サラダにドレッシングをかけていたりする人は、腸の観点からすると一度見直すことをおすすめします。


ここまで、腸内環境を正常化させるために摂りたいものを紹介してきましたが、自分の腸内環境が悪いかどうか自覚できない人もいると思います。目安となるのが、**便秘かどうかです。**便秘と下痢を繰り返したりする人も要注意。便秘や下痢は、腸の中でも出口に近い大腸に便が溜まる現象です。食物繊維やオリゴ糖は大腸の環境を改善するため、このタイプの人は積極的に摂るようにしましょう。

また、食後に**お腹の膨満感がある人も要注意**です。これは食べたものが大腸まで行く手前、つまり小腸の環境が悪い状態の可能性があります。

本来、小腸は無菌ですが、大腸の環境が悪すぎて悪玉菌が小腸まで上ってくることがあります。小腸の入り口は消化酵素が出る場所であり、悪玉菌によってその機能がやられると正常に消化ができなくなり、お腹が張ってしまいます。

これがさらに悪くなると、今度は胃が膨らみ、胃酸が上がってきます。

胃薬だけ飲んで解決する人もいれば、大腸や小腸の環境悪化による連鎖で起きている場合は、胃薬を飲んでも健康にはなりません。

ここで紹介した成分や食材は、すべて、コルチゾールの生産を促したり、腸のダメージを和らげたりしてくれます。

家にいる時間が長かったり、忙しくなったりすると、ついインスタント食材やデリバリー料理を頼ってしまいがちです。

ですが、ときにはしっかり時間をとり、自らの体をいたわる献立を考えてみることもまた、心身ともにリフレッシュにつながります。

「砂糖・塩」への依存から脱却するには

疲れてくると、炭酸飲料やビタミン飲料、エナジードリンクなどで自身を奮い立たせる人も多いのではないでしょうか。

たしかにこれらの飲み物に含まれる糖分は、血糖を上げて一時的にコルチゾールを分泌させ、ストレスを緩和させたり、リフレッシュ感を与えてくれたりする効果があります。

しかし先ほどもお伝えしたように、これは副腎を雑巾のように絞ってコルチゾールを絞り出しているだけであり、根本的な「疲労回復」にはなっていません。

また、糖分に依存している人は、夕方になると甘いものがほしくなります。

ランチで糖分をたくさん摂って上がった血糖が、夕方になるとその反動で一気に下がるため、再度上げるために甘いものが食べたくなるのです。

依存が進行すると、夕方になると冷や汗をかきはじめる人もいるほどです。

いわゆる禁断症状みたいに、甘いものを食べないと離脱症状が出てしまうのです。

砂糖という麻薬をやめる

このような症状をまねく**砂糖はドラッグと言っても良い**のではないでしょうか。

摂ることでドーパミン系がはたらいてエンドルフィンが増えていく、その過程はコカインなどの麻薬と同じと言えます。つまり、依存物質です。

同じ量を摂り続けているとだんだん効かなくなってくる点も麻薬と同じです。

最近は「ペットボトル症候群」という言葉も聞かれるようになりました。

知り合いの医師にも、毎日ペットボトルのコーラを持ち歩いている人がいますが、この依存性に抗うことができず、日々の習慣として無意識に砂糖を摂っている人は急増しています。

疲労時の糖質や甘いものが習慣になっている人は、その依存から脱却しましょう。


ではどうすればいいのでしょうか。

まずはシンプルに、ジュースをやめましょう。砂糖が液体に溶けているジュースは浸透力が高く、**短時間で血糖をあげてしまうため最悪**です。

糖質依存が強い人は、血糖の上昇をゆるやかにする糖分に徐々に切り替えていくのがいちばん良い方法です。

一般的に、ブドウ糖と果糖が結合した「単純糖質」よりも、複数の糖類が結合した「複合糖質」のほうが、体内でいちど分解されるため吸収速度が遅く、血糖の上昇もゆるやかになります。

たとえば炭水化物でいえば、**玄米や全粒粉を使ったパンなど**。

こういったものに切り替えることからはじめてみましょう。

どうしても間食をやめられない人には、ナッツがおすすめです。芋も糖分が入っていますが、食物繊維も入っているので、ジュースやお菓子と比べたら断然良いでしょう。

朝食に一杯の味噌汁を飲む

また、冒頭で疲労のサインとして紹介したように、疲れてくると「塩分」にも依存しがちです。

とはいえ、塩分が不足している状態も体にとって良いとはいえないので、そういうときは岩塩や海の塩を摂りましょう。

食卓塩にはナトリウムしかふくまれていないため血圧が上がりやすいのですが、岩塩や海の塩にふくまれるミネラル、とくにマグネシウムは血管を広げてくれる効果があります。

そういった**自然由来の塩を、朝、お味噌汁などで摂っておく**と、その日いちにち、塩分を求めずに済みます。

「カフェイン」への依存から脱却するには

ほどよい苦味で頭をすっきりさせてくれるコーヒーは、忙しくはたらくビジネスパーソンの相棒として市民権を得た存在です。

出社前にカフェに寄って飲む、仕事中のデスクに常備して飲む、ランチ後のお口直しに飲む、出先の商談後に一息ついて飲むなど、口にする機会は多いと思います。

ところが、**カフェインにも依存性があります。**

仕事中にコーヒーを数杯飲むくらいならいいですが、一気にガブ飲みしてエネルギーを補給しないと疲れが取れないからと、日に10杯近く飲むような人は注意です。

カフェインを摂らないと動けない状態は、コルチゾールが出なくなっている状態、つまり副腎疲労がかなり進行した状態なのです。

15時以降はコーヒーではなくお茶を飲む

さらにカフェインはコルチゾールを無理やり出すため、睡眠の質も下げます。

15時以降は飲まないようにして、飲むのであればカフェインレスのコーヒーや、カフェインが少ない紅茶にしましょう。

もっといいのは煎茶です。カフェイン量はさらに少なく、リラックス効果のあるテアニンや、抗酸化力のあるカテキンも入っています。

お茶を1日5杯以上飲んだ人は健康寿命が長くなると示す論文もあるほどです。

一方で、コーヒーには抗酸化作用のあるポリフェノールもふくまれているため、**1日に4杯ぐらい飲むと心臓発作の発症率が減った**という論文もあります。

つまりエネルギー補充の目的で飲んでいる人は要注意ですが、ストレスをそれほど溜め込んではいない人が嗜むように飲むぶんにはいいのです。

不足した糖分や塩分を食事で補ったり、コルチゾールを出すためにカフェインを摂ったりするのは、バランスを維持するためであり、人間として必要な行動です。

しかしそれは、いわば出血しながら輸血を受けて、なんとか正常な状態を保っている状況です。

「自分は糖分やカフェインをたくさん摂っているけど、なんにも不調や影響はないからいいや」というわけではないのです。

「そうまでしないと正常でいられない状態」になっていることに気づきましょう。

また、副腎疲労になると、コルチゾールを増やすために食の嗜好に変化が現れ、無意識のうちに糖分や塩分の多い食事を求めはじめます。

これが副腎疲労のサインになります。

しかし、普段から糖分や塩分過多の異常な食生活をしていると、その変化に気づけません。体が発する微妙なサインに気づくためにも、普段から適切な食生活を心がけましょう。

依存からの脱却は「ほどほど」で頑張る

依存から脱却しましょうとお伝えしましたが、頑張りすぎるのもよくありません。

「明日からいっさいの糖質を摂るのをやめる」「コーヒーを飲むのをやめる」など、いきなりハードルを高くしてしまうと、長くは続かないでしょう。

そして、**三日坊主は依存をさらに強めます。**

なぜなら、しばらくは我慢したけど続けられなくなり、「ここ数日は頑張ったから、たまにはいいよね」と解禁すると、久々の快楽にドーパミンがいつもより多く出て、その快楽にますます溺れてしまいます。

実際、先月「痩せた」と思った患者が、翌月には「太った」となることは本当に多いのです。

つまり大事なのは、最初の壁はできるだけ低くして、「習慣化」することです。休日だけコーヒーや紅茶に砂糖を入れないで飲むようにするとか、スモールステップからはじめて、頑張りすぎずに少しずつ改善していきましょう。

「レモン」は最強の疲労回復食材

ミトコンドリアの中にある回路が、コルチゾールのもととなるエネルギーをつくり出すとお伝えしました。

この回路は「クエン酸回路」と呼ばれ、輪っか状の回路をクエン酸やコハク酸、アスパラギン酸などが通り、形を変えていくことでエネルギーがつくられます。

つまり**クエン酸が多いほど、エネルギーも多くつくられます。**

クエン酸が疲労回復に良いといわれるのはこのためです。

このクエン酸が多く含まれるのが、レモンです。

レモンには、疲労回復にとどまらず、体に良い成分が多数含まれています。

まず、コルチゾールの材料になるビタミンCがたくさん入っています。

そしてレモンに含まれる食物繊維は、クエン酸とともに善玉菌の餌になるため、腸内環境をよくする効果があります。

さらには、レモンにはカリウムもふくまれています。

それぞれのミネラルにはブラザーミネラルとよばれる、相反する動きをするペアがあり、カリウムのブラザーミネラルはナトリウムです。

つまり、カリウムが増えるとナトリウムは減ります。

ナトリウムは要するに塩分です。増えすぎると体内の塩分濃度が上がります。

すると人体は、塩分を薄めるために水分を体に溜め込もうとします。

つまりおしっこの量が減り、むくみます。

むくみ防止にカリウムが効くといわれるのは、**カリウムが増えることで、むくみの要因となるナトリウムが減る**ためです。


また、レモンに含まれるエリオシトリンというポリフェノールには**脂肪燃焼効果がある**といわれています。

日常的にレモンを摂っている人は、68ページで紹介したアディポネクチンというホルモンの値が高いという研究結果もあります。

「レモン白湯」で腸をデトックスする

このようにレモンには、一石五鳥も六鳥もの効能があります。

とはいえ、丸かじりするわけにはいきませんよね。

そこでおすすめしたいのが、レモン白湯です。

レモンは殺菌効果もあるといわれているので、腸が空っぽの朝に飲むと、腸内をきれいにしてくれます。

また腸は温められると蠕動《ぜんどう》運動が活発になるため、白湯にして飲むことで、便が押し流されていきます。


レモンを絞って飲む場合は、無農薬のレモンをちゃんと選ぶようにしてください。

レモンを切ったり絞ったりするのが面倒になるくらいなら、市販の果汁100%レモンジュースをぬるま湯で割るのでもかまいません。

何事も習慣にならないと意味がありません。

そのためには、できるだけ手順を減らすことが大事なのです。

「食事マインドフルネス」を実践する

コンテンツが溢れたいまの時代、時間がないからと、テレビを見たりスマホを見たりしながら食事をしている人も多いのではないでしょうか。

ですが、ストレス解消においては、「なにを食べるか」と同じくらい、「どう食べるか」も重要です。

ながら食べでは味がよくわからないばかりか、脳も休まりません。

食事時間を「マインドフルネス時間」にする

せっかくなら、食事の時間をマインドフルネスに使ってはいかがでしょうか。

無心で食べることができればベストですが、私は**食事の「感覚」に集中すること**をおすすめしています。

たとえば、食べ物を口に運び「口に入った」「こんな味がする」「いま噛んでいる」、ゆっくり飲み込んで「食べたものが喉を通っている」など、いまこのときの感覚に集中してみましょう。

その数秒間は、脳は余計な思考を手放すことができ、休めているはずです。

また、食事の際はゆっくり噛んで食べましょう。

「早食いをやめると食べる量が減って痩せる」とはいいますが、**じつはゆっくり噛んで食べること自体が、ストレス解消に有効**なのです。

なぜなら、咀嚼を繰り返すことで唾液と食べものがよく絡み、食べものが消化しやすくなって、腸の負担が減るためです。

さらには、咀嚼は幸福ホルモンであるセロトニンを増やすといわれています。

セロトニンは、なにかの動作を同じリズムで繰り返したときに出るため、同じリズムで歩いたり、歯磨きしたり、そして咀嚼したりと、リズミカルに体を動かすことで増えるのです。

寝る前の食事と飲酒は控える

睡眠の質を高めたいなら、寝る直前の飲酒と食事は控えましょう。

朝起きると交感神経が活発になってコルチゾールが出て、夜になったら副交感神経が活発になって出なくなる。これが理想のリズムです。

ところが寝る前にお酒を飲むと**体が緊張状態になり、寝つきにくかったり、眠りの浅い状態が続いたりしてしまいます。**

よく、「お酒を飲まないと眠れない」という人がいますが、それは寝入りに入りやすいというだけです。

アルコールによって脳が興奮した状態で寝ると、脳はつねに起きやすい状態になっているため、夜中に目が覚めるなど、朝まで熟睡するのは難しくなります。

また、寝る直前のお酒だけでなく、ホルモンの観点から考えると、遅い時間の食事も避けたいところです。

なぜなら夜遅い時間、つまり**体内時計が「寝る時間」と認識しているときに食事をすると、内臓が「朝だ」と勘違いしてしまう**ためです。

そうなると、ホルモンが活発化し、自律神経のバランスが崩れ、結果的にコルチゾールが無駄遣いされてストレスが溜まってしまいます。

さらに肥満の観点でも、夜の食事は大きく影響します。

よく、「夜に食べると太る」といいますよね？

夜になると睡眠ホルモンとよばれるメラトニンの分泌が増えますが、**メラトニンが増えているときに食べると脂肪が増える**という論文があるのです。

また、ＢＭＡＬ１という、時計遺伝子と呼ばれる遺伝子があります。

この遺伝子は夜９時以降に活発に活動し、タンパク質を分解する働きを抑え、脂肪を溜め込ませる働きがあります。だから、夜遅くに食べると太ってしまうのです。

基本的には夕食は控えめにして、朝や昼にしっかり食べるようにしましょう。

とくに昼はＢＭＡＬ１のはたらきが少なく、脂肪分が分解される時間帯でもあるので、脂肪分を含んだ食べものを摂るならこのタイミングです。

そして**夕食は寝る２時間前までに済ませ、甘いものは夕方ぐらいまで**にしておきましょう。

良いことづくしの「アクティブレスト」

家にいる時間が長くなると、必然的に運動量が減ります。

リモートワークをしている人なら、気づいたら1日に数十歩ほどしか歩いていないという人もいるのではないでしょうか。

しかし1章でもお伝えしたように、動かないことは疲労の原因になります。

そこで提案したいのが、「アクティブレスト」です。

つまり動的（アクティブ）な休息（レスト）です。

身体機能を高める効果はもちろん、**45分間のトレーニングを週に3回行うことでメンタル不調が20％も改善した**という調査もあるように、精神的な休息も与えてくれます。

さらには、運動をするとエンドルフィンという脳内麻薬が増えます。

運動をして「気持ちいい」と感じるのはこのためです。

脳内麻薬というように、エンドルフィンはコカインや覚醒剤といったドラッグ、そして砂糖を摂ったときにも出ます。つまり依存性があります。

そのため**運動によってエンドルフィンを出すことで、砂糖などから得ていたエンドルフィンを代替でき、依存性を下げていける**のです。

他にも、ワクワクした楽しい気持ちをもたらすドーパミンや、男性の自信に影響するテストステロンというホルモンも、アクティブレストによって出ます。

では、どれくらいの運動を心がければいいのでしょう。

世界保健機関（ＷＨＯ）は理想の運動量として、**１日30分×週5回、つまり週に１５０分の運動を推奨**しています。

とはいえ、毎日外に出て運動する時間を取れない人が大半でしょう。

そこで、日常生活で体を動かすことを心がけていただきたいと思います。

地味な「スロースクワット」で代謝を上げる

たとえば、家のなかでは立ったり座ったりする動作は多いのではないでしょうか。これを、一息で立って一息に座るのではなく、3秒かけてゆっくり立って、3秒かけてゆっくり座ってみるのです。

3秒かけてしゃがみ、5秒間維持して3秒かけて立つ「スロースクワット」を、日常生活に組み込むのです。

太ももの筋肉は人体でいちばん大きい筋肉なので、ここが鍛えられると基礎代謝が上がります。そのうえ筋肉が増えると糖分の代謝量も増えるため、血糖が上がりづらくなり、感情の安定にもつながります。

他にも、歯磨きをしながらかかとを上げ下げする運動も、ふくらはぎを鍛えるうえでおすすめです。

下半身に溜まった老廃物はふくらはぎの筋肉で上体に押し流されるため、第二の心臓とも呼ばれるふくらはぎの筋肉がしっかり稼働しないと、老廃物が下半身に溜まってしまうのです。

WHOは1日30分×週5回の運動を推奨していますが、30分やらないとまったく効果がないわけではありません。

1日15分行うだけで効果があったという論文や、**週に1回の運動で心臓疾患の死亡率が減った**という論文もあります。つまり、やらないよりはやったほうがいいのです。

朝はウォーキングやジョギングなどの有酸素運動、夜は副交感神経を高めるためのストレッチなど、計画を立てて行ってみましょう。

長時間のデスクワークや外を歩き回ったりする人は、とくに足に負担がかかっているので、股関節やハムストリングスを伸ばすストレッチをするとよいでしょう。

本書の巻末でも「アクティブレスト」になるストレッチをいくつか紹介していますので、ぜひ実践してみてください。

運動の適量は「心拍数」で判断を

とはいえ、何事も無理は禁物です。

激しすぎる運動や長時間の運動は心臓病リスクをあげるという論文もあります。

これはひと月に200㎞走るような運動が危険という研究結果であり、熱心な市民ランナーでもないかぎり気にするようなリスクではないかもしれません。

ですがオーバートレーニング症候群には気をつけていただきたいところです。「ここまでやらなきゃ」「毎日やると決めたんだから絶対にやらなきゃ」と、精神力の強い人が自分を追い込んで辛くなってしまう症状です。

急性疲労といえども、過度なトレーニングで疲労が取りきれなくなると、緊張状態が続き、寝付けなくなったり、その影響が消化器に出てしまったりします。過剰な運動は疲労を取るどころか、かえって疲労を促してしまうのです。

一般的に良いといわれている運動負荷は、2009年に兵庫医科大学の研究で明らかになった次の公式によって導けます。

（220－年齢）×0・7

1分間の心拍数がこの数字を超えないように運動するのが、ベストな運動負荷とされています。最近では運動中の心拍数を測るデバイスやアプリもあるので、少しきつい運動をする際はこの心拍数を目安に行ってみましょう。

ストレスはスイーツでも緩和できますが、血糖が上昇したことで一時的に幸せを感じるだけであり、インシュリンが出たらなくなります。

その時間は、およそ20分といわれています。

一方で、**運動による幸福感は12時間続く**といわれます。

運動はやっているうちに楽しくなりますし、幸せも持続します。

するとまたやってみたくなるし、やり遂げることで達成感も得られます。

その結果、自信がつき、気持ちも前向きになります。

まさに、良いことづくしなのです。

睡眠の質を高める「入浴」のコツ

多くの人がイメージする「疲労回復法」といえば、「睡眠」です。

とはいえ、どんな寝方をしても疲れが取れるわけではありません。

過度な運動の弊害でも触れましたが、体の神経が緊張した状態で眠りに入ってしまうと、睡眠の質は下がり、疲れは取れません。

つまり、**いかに良い状態で眠りに入るかが、睡眠の質を左右する**大きなポイントになります。

睡眠は時間や量より質にこだわる

まず、寝る時間について。

「成長ホルモンは22〜2時に寝ているあいだに出るので、その間に寝ているようにしましょう」という話を聞いたことはないでしょうか。

この説はかなり長いあいだ支持されてきました。

しかし最近では、**成長ホルモンは特定の時間帯に出るのではなく、「寝てから数時間が経つと出る」**という説が支持されています。

成長ホルモンの観点では、寝る時間については何時でもいいと、最近では考えられているのです。

そして睡眠時間については、**7時間がいちばん長生きできる**といわれています。この結果を導いた論文では、6時間でも8時間でも、長生きできる確率は下がると結論づけられていました。

ただしこの論文は、睡眠の質を無視して時間だけに着目して調査したものです。睡眠の質が良く6時間の睡眠で十分な人もいれば、8時間寝ないと寝た気がしないという人もいます。

時間だけに着目してしまうと根本的な解決にならないこともあるため、何時までに寝て何時間寝るかという点は、そこまでこだわらなくてもいいように思います。

体を温めすぎないようにする

睡眠で疲労を取るためにそれ以上に大事なのは、**寝るときの体温**です。

人は眠ろうとするとき、体温を下げます。

動物の冬眠をイメージしてもらえばわかりやすいと思いますが、体温が下がることでエネルギーの消費が抑えられ、省エネモードになるのです。

そのため人体は、眠るために、自分の熱を外に出して体を冷やそうとします。

具体的には、手足の毛細血管が拡張します。

毛細血管は皮膚に近いところにあるため、ここが拡張することで多くの血が体の表面に近いところを流れ、熱が体外に放出されていくのです。

手足の体温は上がりますが、深部体温は下がって眠くなります。

そのため寒いからといって電気毛布を使ったり、何枚も着込んだりしてしまうと、深部体温がなかなか下がらず寝付けなかったり、寝ている途中に体温が上がって夜中に目が覚めてしまいます。

暖房器具は、寝入りの15分後くらいに切れるようにするとよいでしょう。

では、冷え性の人の寝つきが悪いのは、どういう理由からでしょうか。

「体が冷えているから寝付きやすいのでは？」と思われるかもしれません。

しかし、冷え性の人が冷めているのは手足だけです。

手足の血管が縮こまって熱が逃げていないため、手足が冷たく、反対に深部体温は高くなっています。

だから、冷え性の人は深部体温がなかなか下がらず、寝つきにくくなります。

冷え性の人は手足を温めて末梢の血管を広げてあげるとよいでしょう。

「寝る90分前入浴」で睡眠の質を高める

寝るときの体温に大きく関係するのが、入浴のタイミングです。

寝る直前に入浴すると、深部体温が表面体温とともに温まりすぎるため、その後、深部体温が下がるまでに時間がかかってしまいます。

反対に、寝るかなり前にお風呂に入ってしまうのも、睡眠の質を下げます。

たとえば、いつも23時ごろに寝る人が18時に入浴するとします。

お風呂に入ると副交感神経が優位になり、体は寝るモードになります。

でも、その後に夕食を食べると、消化によってエネルギーが生まれ、**せっかく下がっていた深部体温がまた上がってしまいます。**

当然、寝つきにくくなります。


これは諸説ありますが、いちど上がった深部体温が下がるまでの時間は90分という説が多数派です。

そのため、**就寝の90分前にお風呂から上がるようにすると**、ちょうど寝床に入るときに末梢の血管が広がり、深部体温が下がりはじめ、寝つきやすくなります。


また、お風呂の温度も重要です。あまりに熱い温度だと、リラックスするどころか体が防御反応を起こし、かえって緊張状態になってしまいます。

目安としては、42度以下をおすすめします。

「股関節ストレッチ」で深部体温を下げる

そして、寝る前のストレッチも効果的です。

血管を伸ばす意味もありますが、筋肉が伸縮して血流の循環がよくなるため、手足からの熱の放散の効率を高め、深部体温を冷やしてくれます。

また、マッサージを受けると眠くなるように、筋肉の緊張がほぐれること自体にリラックス効果があり、眠気を誘ってくれます。

下半身、とくに**股関節の周囲は多くの筋肉が集まっているため、ここに効くストレッチは効果的**です。巻末でも紹介しているので試してみてください。

まとめると、睡眠の質を高めるためには、食事を済ませ、42度以下のお風呂に入り、股関節をほぐすストレッチをして、湯上がりの90分後に布団に入る。

これが、もっとも効果的な方法です。

サウナでストレス解消するなら「低温」で

近年、熱狂的な人気をみせているサウナも、ストレス解消にはおすすめです。**細胞を修復するヒートショックプロテインというたんぱく質が、42度の高温のお風呂にしばらく入っていると出るのです。**

しかし先ほどお伝えしたように、熱すぎる環境は体を緊張させます。普通のサウナは70～90度くらいあるため、心拍数が上がり、自律神経は緊張し、体に負荷がかかってしまいます。

「低温サウナ」で自律神経を安定させる

そこでおすすめしたいのが、低温サウナです。

鹿児島大学で教授を務めていた鄭忠和《ていちゅうわ》氏が、60度の遠赤外線乾式サウナに15分入ることで深部体温が1度上がり、健康に効果的だということを研究によって示し、その結果をもとに「和温療法」という治療法を開発しました。

60度で15分であれば、自律神経に負担はかかりません。それどころか、反対に安定させてくれます。

じつは**人の心拍数は一定ではなく、なにもしなくても変動する**のが一般的です。たとえば1分間の心拍数が60回の人がいるとしたら、最初の1分は65回、次の1分は60回、次は55回、60回と、かなり変動しています。

自律神経のバランスが良いとしっかりと変動するのです。むしろ自律神経が緊張してくると、この揺らぎがなくなります。

つまり心拍変動がどの程度あるかで、自律神経の落ち着きを測れるわけです。この心拍変動が、低温サウナによって安定化したと示した研究があるのです。

また、低温サウナは酸化ストレスも減らしてくれます。

酸化ストレスは活性酸素のひとつであるヒドロペルオキシドの体内濃度によって測れますが、低温サウナがこの濃度を下げると明らかにした実験があります。

さらには、**低温サウナには血管の内皮機能を改善する効果**も認められています。

血管が正常化されると、NOがたくさん出て、血管が広がって血が流れやすくなり、心臓の負担が軽くなります。

つまり低温サウナは、身体疲労、神経疲労、そしてリラックス効果により精神疲労にと、あらゆる慢性疲労に効果的なのです。

「手だけ水風呂」でほどよい気持ち良さを

では、どのように入ると効果的なのでしょうか。

まずサウナに入る前は、いちど体を清潔に洗います。汗をかいて老廃物を外に出すのもサウナの効果なので、体が汚れて汗腺が詰まっているとデトックス効果が落ちてしまうためです。

よくある町の銭湯などでも、低温サウナを備えているところはあります。最近では、風呂場のいすに座ってシートを被り、頭だけ出して内部を温める家庭用の低温サウナも売っています。

なお、高温でないことが重要なので、家庭用サウナでは厳密に60度でなくても大丈夫です。

そして**サウナ後の水風呂は必要ありません**。

むしろ低温サウナを使った医療行為では、サウナに15分入ったあとは毛布で体を30分ほどくるみ、体を保温します。そうすることで深部体温が安定して、血管が拡張するのです。

サウナのあとに水風呂に入ると気持ち良いのは、その負荷から解放されるためですが、それが健康に良いという医学的なデータはないのです。

アメリカでは冷たい水と温かいお湯に交互に入る「交代浴」が健康に良いといわれています。

冷水で抹消の血管を締めることで、体が危機を察知して機能を高めてくれます。

これを適宜、お湯に入って休憩しながらやります。

しかし、高温のサウナでは負荷が大きいため、休憩になりません。

水風呂と高温サウナで「負荷&負荷」になってしまうのです。

そもそもアメリカの医師が日本に来て交代浴をやろうとした際、「日本の水は冷たくてできない」と言ったという話もあります。

とはいえ、サウナ後に体を冷やす気持ち良さが好きな人がいるのもわかります。そういう方には、部分的な交代浴がおすすめです。

たとえば湯船に入って温まったあとに、**水を入れた洗面器に手を浸して冷やす。**

そしてまた湯船に入る。これだけでも末梢には十分な効果があります。

熱いサウナに入ったあとの水風呂はたしかに気持ち良いかもしれませんが、自律神経を整えて疲労を回復する意味では、そこまでの負荷をかける必要はないのです。

「時間がない」感覚がメンタルを苦しめる

私のクリニックでメンタル不調を訴える人に話を聞くと、「時間がない」という感覚を持っている人がとても多くいました。

家にいても子供の面倒を見たり、食事の献立を考えたりとやることが多い。

見たいテレビ番組や読みたい本があるのに、仕事から帰ってくる時間が遅くて時間が足りない。

または、本当に時間がないわけではなくて、ついダラダラとスマホを眺めてしまい、有意義な時間の使い方ができていないと感じている。

共通点は、自分の時間がコントロールできずなにかに支配されている感覚です。

この**「コントロールできていない状況」が、メンタル不調を引き起こす**大きな要因となります。

それは、頭の中で「あれをやらなきゃ」「これもやらなきゃ」と悩み、なかなか答えが出せず、いたずらに時間が費やされ、結果的に「どれもできなかった」「時間が足りない」と後悔するといったネガティブ感情につながるためです。

つまり「時間がない」という感情は、「時間の使い方が下手」ということが原因なのです。

「時間簿」をつくる

そこでおすすめしたいのが、「時間簿」をつくることです。

その日に自分が行ったすべてのことを、時間とともに記録します。

すると、「毎日帰りが遅くて時間がないと思っていたけど、意外とスマホをいじっている時間が長かったな」とか「テレビを見る時間が長くて夜更かしになっているな」など、自分の生活を客観視できます。

隙間時間や無駄な時間に気づくことで、**「時間がない」というネガティブな感覚から脱却**できます。

「メンタルログ」もつける

また、日々の行動とともにメンタル面の記録（ログ）もつけてみてください。

「こういう状況がそろったときにメンタル不調が出やすい」「この曜日はとくに気持ちが落ち込みがちだ」などの規則性が見えることもあります。

睡眠時間が短めだった日はメンタルがやられていることが多かった。

パソコンに向かう時間が長い日は心が乱れがちだった。

スマホでSNSを見ている時間が長い日は寝つきが悪かった。

傾向がつかめれば、**事前に心構えをしたり、原因となる行動をやめて不調を改善できたりする**でしょう。


時間簿は時間の使い方を見える化することが重要なので、ツールはなんでもかまいません。手帳、ノート、アプリなど、自分が続けやすい楽な方法を選びましょう。

そして、まずは1週間分を書き出すことが大事です。

会議がある日、子供の送り迎えがある日、残業がある日など、曜日によって時間の使い方は変わるため、数日間だけの記録では不調の傾向がつかめません。

当然、休日の時間簿もつけます。

休日こそ、「ずっと横になってSNSを見ていた」「ボーッとテレビを見ていて、気づいたらもう夕方だった」など、時間を無駄に使いがちだからです。

書く際は「19~21時：自由時間」などアバウトにではなく、「SNSを見た」「テレビを見た」「食事をした」と、その都度リアルタイムで書いていきましょう。

自分がいかにもったいない時間の使い方をしているかに気づくことが重要なので、**なにもしていない時間も含めて記録する**のがポイントです。

ここまでみて、「けっこう面倒だな」と感じる人もいるでしょう。

だからこそ、1週間続けるのは意外とたいへんだと思います。

1週間はハードルが高いという人は、まずは1日だけでも記録してみましょう。

それだけでも、自分がなにかに支配されている状態を客観視できるはずです。

そして、時間簿は1日の終わりに必ず振り返ってください。

1日を振り返って無駄な時間に気づければ、「隙間時間が多過ぎたからSNSをやるのは19~20時までにしておこう」など、しだいに自分で時間を管理できるようになっていきます。

積極的に時間管理ができるようになれば、自己管理ができている意識が芽生え、安心感や自信、自律心の向上につながります。

これが、時間に支配されていた感覚から脱却するための第一歩となるのです。

ネガティブ思考は「技術」で切り替えられる

人間は基本的にネガティブ思考です。

つねに悪い見積もりをして未来を想定する**ネガティブ思考は、言い換えれば「生存本能」であり、安全に生きるためには必要なこと**でもあるのです。

だから、ネガティブな感情になるのは仕方ありません。

そのうえで、ネガティブ感情をうまく切り替える方法を身につけ、メンタルの不調に陥るのを防いでいきましょう。

たとえば「後輩にあんなことを言ってしまった」など、気になったことを考えすぎてしまう人は、切り替えが苦手な人です。

あとは、なにか不安なことや決めきれないことがあったとき、考え続ければそのうち答えは出るに違いないと、答えの出ないことを考え続けてしまう人。

他にも、たとえば誰かが話しているのを遠目で見たときに、「きっと私の悪口を言っているに違いない」と、事実と解釈が混ぜこぜになり、ネガティブにとらえてしまう人。

または、感情に支配されやすい人、心配性、完璧主義……。要するに多くの人がネガティブ感情になりやすい性質を持っています。

「自己中解釈」で自分の機嫌をとる

こういった感情になったときは、主体的に気持ちを切り替えましょう。

つまり**「自分の機嫌を自分でとる」**のです。

そこで、ネガティブな感情を切り替える技術を紹介します。

技術としているのは、考え方の型を知れば誰でも実践できるためです。

まず、もっとも手軽な方法が、**「自己中心的な解釈」をする**ことです。

自分の気分が楽になる、自己中心的で都合のいい解釈をしてみましょう。

「あの人たちは私の悪口を言っているに違いない」ではなく、「あの人たち、また私のことをうらやましいって話しているに違いない」と考えます。

脳はネガティブなこととポジティブなことを同時には考えられません。

「勝手な思い込みをしてなにになる」と思うかもしれませんが、勝手な解釈を癖にすることで、しぜんとポジティブな思考になっていきます。

自分の思考に対してポジティブな声がけを増やしていくことは、ネガティブ感情から抜け出すためには有効なのです。

「ぬいぐるみ」でいいから話しかけてみる

次に、「人に話してみる」ことです。

「相談したら悪いんじゃないか」と、他人に相談できずにひとりで抱え込む人が、切り替えができない人にはとても多いのです。

誰でもいいから話すことで、思考が言語化され、「自分はこんなことを考えていたのか」と客観視ができます。

つまり相手の返答はさほど重要ではないため、**話す相手はぬいぐるみでもかま**

いません。

心理学の療法に「ぬいぐるみセラピー」という方法もあるように、お気に入りのぬいぐるみに話しかけることで、心理的な不安が落ち着いたり、悩んでいるのがばかばかしくなって問題を自己解決できたりするのです。

または、ネガティブに考えることをやめるのが難しい場合は、自分の好きなことに没頭したり、場所や環境を物理的に変えたりするのも有効です。

喧嘩したときに「ちょっと外に出て頭を冷やしてくる」という人がいますが、**場所を変えることで本当に頭は冷める**わけです。

他にも、「怒り」の感情であれば、**その「怒り」に点数をつけてみる**のもよいでしょう。「今日の怒りはけっこう激しかったから、10点満点で9点までいっちゃったな」と点数化しているうちに、怒りを客観視でき、落ち着いていきます。

ネガティブ感情を切り替える「3ステップ」

最後に、漠然としたネガティブ感情を切り替える「3ステップ」を紹介します。

まずステップ1は、自分が持っている感情に気づくこと。

「いま怒っているな」「悲しんでいるな」と、感情の揺れを言葉として表してみることで、感情に支配されている自分を客観視でき、落ち着きます。

ステップ2は、その感情をやめてみることです。

「怒るのをやめてみよう」「不安になるのをやめてみよう」と、意識的に思考を手放してみます。

そしてこれが難しい場合に使えるのがステップ3、セルフクエスチョンです。

「このまま考えていて良いことはあるのかな?」「この怒りの原因はなにかな?」「この後悔や不安はなにかに活かせるかな?」と、自分に質問するのです。

不満や不安といった漠然とした負の感情は、そのまま感情に任せていては解決には一歩も近づきません。

「なにが原因なのか？」「原因を解決するにはどうすればいいのか？」と、自分に質問をすることで、**「そうか、この不安は、あの問題を解決したいだけなのか」**と具体化し、解決への糸口が見えてきます。

怒りや不安は二次感情です。

その奥には、「わからない」「思い通りにならない」「怖い」といった感情が隠れています。

ネガティブ感情を払拭するには、自分の感情を客観視して、そこに隠れている根本原因を突き止めてあげましょう。

はじめは無理だと思ってもいいので、自分の機嫌を自分でコントロールする意思を強く持ち、トライしてみてください。

4章

おうちストレスをためない「最高の在宅作業」

タスクの途中で「休む勇気」はありますか？

長いあいだ、仕事をする場所といえば「会社」が当たり前でした。

そして、私たちにとって家は「安らぐ場所」でした。

この何百年と続いた前提が、いま、変わりつつあります。

近年はフリーランスブームや副業ブームともいわれるように、「企業に所属してオフィスで働く」以外のスタイルは珍しくありません。

企業の積極的な残業削減によって、退社後や休日に、家で持ち帰る仕事をしなくてはいけなくなった人も多いでしょう。

これまでの常識は崩れ、**「家＝仕事をする場所」でもある時代がきた**のです。

家で仕事に取り組めるのは便利な一方で、これまでの「安らぐ場所」が「仕事をする場所」になったことで、その変化に対応できず、ストレスを溜める人が急増しています。

4章では、リモートワークの人や在宅のフリーランスの方、または趣味に没頭する人といった、「家でなにかに集中して取り組む人」のための、疲れを溜めない方法を紹介します。

家が「安らぐ場所」でありながら「働く場所」になったことの、いちばんの弊害は**「オンとオフがなくなった」ことです。**

場所の切り替えがなくなったために、どこで作業を止めたらいいのかわからなくなってしまいました。

そして、誰も見ていないからといって手を抜いてしまう人が多いかと思いきや、実際はそうではありません。

「今日は絶対にこの作業を終わらせなくては」と、頑張りすぎてしまう人が多いのが実情です。

しかし、人が1日に集中できる時間は決まっています。

交感神経は何時間も緊張し続けることはできないのです。

くわえて、家にはテレビや漫画といった誘惑が溢れていますし、家族の存在も気になってしまいます。

結果、頑張るものの集中力は続かず、会社では1時間で終わっていた作業が3時間もかかってしまうなど、気づかぬうちに効率が落ちてしまいます。

それでも「なんとか終わらせないと」と頑張ったところで、何時間も続けていると**集中力はますます落ちますから、効率はさらに下がります。**


作業の時間が増えるから効率が落ちる。

効率が落ちるから作業の時間が増える。

この悪循環が起きているのです。

長時間の作業は当然、疲労感も大きくなります。

この状態が続くと、自律神経のバランスが崩れてつねに緊張感が離れなくなり、睡眠中も緊張して眠りが浅くなって、不調につながってしまいます。

「ポモドーロ・テクニック」で作業を区切る

1980年代、イタリア人のフランチェスコ・シリロは「25分間活動したら5分の休憩をとり、それを4回繰り返したら30分の休憩をとる」方法、通称「ポモドーロ・テクニック」を提唱しました。

家でなにかの作業をするときは、これを取り入れ、**タスクではなく「時間」で区切る**方法をおすすめします。

たとえば、50分間働いたら作業をいったん止めて、10分間の休憩をとるようにしてみましょう。

もちろん、シリロが提唱したように「作業25分：休憩5分」と、1セットを短く設定して実践するのでもかまいません。

ここで重要なのは「何分やるか」や「どれくらいの割合で休むか」ではなく、**時間を設定して「時間がきたら必ず休む」**ということです。

つまり「作業の途中で休む」という勇気を持つことです。

「この作業が終わったらやめる」といったタスク重視で仕事をすると、結果としてダラダラと仕事を続けてしまい、リズムが狂ってしまいます。

「50分やったら休む」と決めたら、たとえ作業が途中であっても手を止め、休憩を挟むのです。

これは半ば強制的に休息をとり、集中力を回復させる意味もありますが、メリットはそれだけではありません。

じつは**キリの良いところで作業をやめてしまうと、そこで達成感が得られ、集中力が完璧に切れてしまう**のです。

「頑張ったから少し長めに休んでもいいよね」という気持ちになり、つい休みすぎて、結局、1日を振り返るとやれたことは意外と少なかった、ということに。

また、タスクが完了したタイミングで休憩を挟むと、作業再開のタイミングではまた新たなタスクに着手する必要があります。

休憩明けはただでさえ集中力を呼び起こすのがたいへんなのに、新たなタスクに取り掛かるとなると、「なにから手をつけるか」など考えることが多く、集中のハードルがさらに上がってしまいます。

そのため、**あえて作業をやり残して休憩をとることで、次にやるべきことが明確になり、休憩明けもスムーズに作業に着手できる**のです。

心理学用語では「ツァイガルニク効果」といわれていますが、人はやりきったことよりも、達成できていないことのほうが強く印象に残るとされています。

不完全な状態で中断するから、たとえ休憩時間中に考え続けていなくても、潜在意識下で消化不良となり、いざ次の50分に入るときに脳を集中モードに切り替えやすくなるのです。

「タイマー」を使って強制終了する

とはいえ、「時間がきたら休む」と決めても、あと少しでタスクの区切りがつきそうになると、人はつい頑張りすぎてしまうものです。

そこでポモドーロ・テクニックを実践する際は、**音の鳴るタイマーを使って時間を計る**ようにしましょう。

タイマーで時間の訪れを告げ、そこで強制的に作業を中断するのです。

その際、絶対にスマホのタイマーを使ってはいけません。タイマーを止めたついでにでにSNSを見て、余計なことをはじめてしまうからです。

50分間の集中がストレスフルな人は、**ガムを噛むのもおすすめ**です。同じリズムでガムを噛むとセロトニンが出て、ストレスが軽減されるという研究結果があるのです。

1日の終わりも「量より時間」で

また、1日の作業終了のタイミングを決める際にも、「タスクではなく時間で終わる」という意識を持つことは重要です。

たとえば「今日はこの資料を完成させよう」「ここまでデータ入力を終わらせよう」など、多くの人はその日の目標を「量」で設定します。

一見、志の高い目標設定のように思えますが、裏を返せば、**自分しだいで自由に終わりを宣言できるため、「緊張感」のある目標設定とはいえません。**

「いつまで」が具体的に決まっていないと、達成できるまで続けてしまい、結果的に集中力も落ち、働く時間だけが長くなってしまいます。

『老人と海』で有名なアメリカの作家、アーネスト・ヘミングウェイは、執筆時に「量と時間」のふたつの目標設定を立て、どちらかでも達成したら終えていたそうです。

そこで1日の目標を立てる際は、必ず「どの作業が終わるまで」と「何時まで」の、**「量と時間」で目標を立て、量が達成できていなくても時間が達成できたら終了**してしまいましょう。

終わりの時間が決まっていることで緊張感や集中力も増し、効率も上がります。1日で達成できる量にタスクを調整できれば、成功体験も感じられるでしょう。

家で仕事をする人の多くは、「疲れたから休む」と考えてしまいます。ですが、**疲れる前に休むことが、家で集中するときの大原則**なのです。

「休まなくてはいけなくなったから休む」のは受動的であり、自分で時間を管理できている状況ではありません。時間に支配されている状態です。

なにかに支配されている感覚ではなく、自分で自分の時間を管理、操作しようという意識を持つことが、メンタルの安定にもつながっていくのです。

頭のなかの「猿」を追い出そう

家で仕事をするときの脳のストレスを大きく改善できる方法があります。

それは**マルチタスクをやめ、シングルタスクに切り替える**ことです。

オフィスに行って仕事をするときは、良くも悪くも、会社に決められていることが多くありました。

「どこで仕事をするか」「何時に昼食を摂るか」「いつまで仕事をするか」といったことは決められており、選択の余地はありませんでした。

ところが家にいると、これらをすべて自分で考える必要があります。

タスク管理だけでなくスケジュール管理も加わり、考えなくてはいけないことが増え、脳の負担は大きくなっています。

「シングルタスク」で集中する

そこに追い打ちをかけるのがマルチタスクです。

シングルタスクが集中なら、マルチタスクは散漫です。

「あれもやらなきゃ」「これもやらなきゃ」と注意が散漫になっている状態は、脳がフル稼働し、休めていない状態です。

精神科領域ではこの状態を**「モンキーマインド」**と表します。

まるで猿が暴れ回るように、脳のなかで思考や情報が行ったり来たりして、それを自分でコントロールできていない、まさしく混乱状態です。

これでは集中できないのはもちろん、緊張状態が続き、自律神経も乱れやすくなり、ストレスになります。

そして思考がコントロールできず、作業効率が捗らない状況が続くと、やがて自己否定的になったり無気力になったりと、メンタルまで悪化してしまいます。

さらにマルチタスクの状況は、思考力さえも低下させます。

ジャムを使ったある実験があります。

その実験では、スーパーのジャム売り場に6種類のジャムを置いた場合と、24種類のジャムを置いた場合で、どちらのほうが売れたかを調べました。

一見すると、選択肢が多い方が消費者の細かいニーズに応えることができ、売上は高そうです。

ところが結果は、6種類だけ置いた場合のほうが圧倒的に売れたのです。

これは、**脳は選択肢が多い状態を嫌う**ためです。

24種類の場合は、人々は「どれを選ぶか」に疲れてしまって、「ジャムを買おう」という意思決定まで到達できなかったのです。

つまり脳は選択肢が多いと混乱し、考えることをあきらめてしまうため、選択肢の多いマルチタスクの状態もまた、脳の思考力を低下させてしまうのです。

一方で、「今日はこれをやるぞ」と決めてシングルタスクで取り組めば、脳が雑念にさらされることなく、集中できます。

つまり集中力はシングルタスクによって得られるのです。

「ウィルパワー」を温存しよう

「これをやるぞ」と決め、その他を思考の外に置くには強い意思が必要です。

意思力は「ウィルパワー」とも呼ばれ、1日に使える量は有限だといわれています。

「いつメールを返そうか」「あの人になんて連絡するべきか」「お昼になにを食べようか」といったものから、「どちらの足から踏み出すか」「息を吸うか、吐くか」などほぼ無意識のものまで、人は1日に数千回や数万回もの「決定」をしているといわれます。

そういった日常のあらゆる決定において意思力は使われるため、決断する回数が多いと、意思力はすぐに枯渇してしまいます。

シングルタスクに入りやすくなるためには、意思力をできるだけ温存しましょう。

あのスティーブ・ジョブズが毎日同じ服を着ていたのも、判断や決定の回数をできるだけ減らして、意思力を温存するためであったといわれています。

そこでまずは、**1日のタスクの優先順を決め、事前にリスト化**してみましょう。

「今日はA案件とB案件とC案件を進めよう」と漠然と考えているだけでは、つねに別の案件のことが気になって意識が散漫になり、意思力が消費されてしまいます。

1日のはじまりにタスクを設定し、順番も決めておくことで、その後の脳の無駄遣いを防げます。

「アンカー」で脳を自動的に集中モードに

また、意思力は集中状態に入り込むときに大きく消費されます。

仕事をするため机に座ったけど、ついスマホをいじってなかなかはじめられない。

この状態から集中状態にもっていく際に、多くの意思力が必要となるのです。

ここで活用できるのが**「アンカー」**です。

日本語で「錨（いかり）」を意味する言葉ですが、心理学では「特定の感情や反応を引き起こす引き金」を意味します。

「この部屋に入ったら仕事する」「この音楽をかけたときは仕事モードに入る」「このカップでコーヒーを飲むときは仕事に集中する」、または体を動かす、声かけをするとか、なんでもいいのできっかけになる合図を自分でつくってみるのです。

これにより、脳内でその行動と意思が結びついて、アンカー行動をとることで

「集中しなくては」と、意識の切り替えがされやすくなります。

よくスポーツ選手が独自のルーティーンをつくっているのも、そのルーティーンがアンカーとなって「集中できる」「うまくやれる」といった感情を呼び起こすためでもあるのです。

こういった方法により日々の選択や判断の回数を減らすことが、意思力を温存し、シングルタスクに入りやすい脳を養います。

そしてシングルタスクが習慣化できると、しだいに集中力が高まっていきます。

一点に集中できている状態は脳にとって楽な状態ですから、**シングルタスクは脳のストレスを減らしてくれる**のです。

働き方に「計画性」を取り戻すには

先ほど紹介した「ポモドーロ・テクニック」と「シングルタスク」を同時に実践

するために行っていただきたいのが、**「タイムスケジュール」**をつくることです。

先ほど紹介した時間簿とは反対に、今度は事前の時間計画をつくってみましょう。

「1ポモドーロ」単位で予定を立てる

その際にポイントとなるのが、**1ポモドーロ（作業と休憩の1セット）単位で予定を立てる**ことです。

「企画を考える」のような大きいタスクのままでは、そのまま予定に入れても、結局「なにからはじめようか」と考えることになり、作業が止まってしまいます。

大きなタスクやプロジェクトは、それを25分や50分くらいで終わるような小さいタスクに分けて予定に入れるようにします。

「市場調査：50分」「ターゲット設定：50分」「コンセプト設計：50分」「タイトル検討：50分」など、具体的な作業で小分けにしてこなしていくと、達成感が得られ、作業の効率も上がります。

そして繰り返しになりますが、「あとちょっとで終わりそうだから」と休憩を無視するのはいけません。

あえて残した「あとちょっと」が、次の50分の集中に入る誘導剤になるのです。

「休み方」のプランも立てる

時間計画を立てる際は、休憩時間にやることも事前に予定に入れておきましょう。

休憩のたびに「なにをするか」を考えるのは時間がもったいないですし、そこでも意思力が消費され、スマホを見たり、休憩に飽きて仕事に戻ったりしてしまいます。

「最初の休憩ではコーヒーを飲もう」「次は音楽を聴こう」「読みかけの本を読むのもいいかな」「夕方には少し散歩でもしてみようか」と、**休憩時間にやることも1日の最初に決めておく**と、意思力をさらに温存できます。

しかしなかには、「メールを確認しないと不安だ」「1時間に一度はSNSを見たい」という人もいるでしょう。

この衝動を無理に我慢してシングルタスクに集中しようとしても、脳内に雑念となって現れ、集中はできないと思います。

かえって効率が下がってしまっては意味がないので、そんな人は「少しであれば見てもいい」と、**自分に許可を与えてしまいましょう。**

大事なのは、時間を決めることです。

たとえば、50分仕事して10分休むなら、5分はメールやSNSを見る時間と決め、それから10分間はリラックスと、休憩を15分にしてみるのもありだと思います。

「これなら続けられる」「今日は効率がよかった」と思って1日を終えてもらうことが大事なので、無理のない範囲でアレンジはしていただいてかまいません。

このように、時間計画といっても無理をしすぎないのが大事です。

多くの人は、計画を立てるときはやる気が出ているため、自分を過大評価し、やたらに気合の入ったハードルの高い計画を立ててしまいます。

そして、多くの場合は達成できません。

何事も習慣化するには、**小さな成功体験をつくっていくことが重要**です。

まずは確実にできる量や方法からはじめて、計画を遂行できた達成感に酔いしれてください。それに慣れてきたら、少しずつ負荷を上げていけばいいのです。

「余計な思考」とうまく付き合うには

時間計画を立て、仕事に着手し、シングルタスクに集中できたとしても、家ではさまざまな雑念が湧き起こってきます。

電話がかかってきたり、家族が話しかけてきたりといった外的要因もあれば、「SNSが気になるな」「この時間は見たいテレビがあったな」「そういえばあのメール返さないと」など、つい他のことを考えてしまうものです。

「50分集中する」と自分と約束をしたら、それを守ってほしいところですが、雑念が湧いてきたからといって落ち込む必要はありません。

人はなにかに集中しようとすると、必ず違うことが浮かんでしまうものです。浮かんでしまうのは仕方ないことで、**大事なのは、行動を変えないこと**です。

「ちょっとだけスマホを見よう」「少しだけテレビをつけてみようかな」「1通だけメールを返そうかな」と雑念が湧いても作業を中断してしまわないよう、実行しやすいものを近くに置かない、近くにいない、これが重要です。

スマホをしまう、テレビのない部屋に移動する、メールの通知をオフにするなど、**雑念を実行するためのツールを視界から外してしまいましょう。**

雑念が湧いたときは、「いま、違うことに意識がいってしまった」と気づくことが重要です。

雑念の存在に気づけないと、自分が集中できていないことに無自覚になり、いつの間にか思考が支配され、作業効率も落ちてしまいます。

「雑念メモ」に雑念を書き出す

先ほどの「スマホを見たい」「テレビを見たい」といった程度の雑念なら、その存在に気づくだけで「それは作業が終わってからにしよう」と意識を切り替えられるでしょう。

ですがたとえば、「明日の商談は気が重い」「企画を考えなくては」などの漠然とした不安といった雑念が出てきたときはどうすべきでしょうか。

まずは164ページで紹介した「気持ちを切り替える3ステップ」を実践し、それでも雑念を手放せないときは、**それをいったん書き出してみましょう。**

漠然とした悩みや不安はいくら考えてもきりがありません。

書き出すことで客観視でき、「考えても仕方ない」と気づけたり、意識の外にアウトプットして「いまは考えないようにしよう」と切り替えたりできるはずです。

雑念をどうしても手放せないのなら、**書き出した紙を破るのもおすすめ**です。

多くの自己啓発セミナーで取り入れられている方法であり、物理的に破り捨てることで不安や悩みが解消されてスッキリする効果があります。

ここでも大事なのは**紙にメモする**ことです。

スマホのメモ帳を開くと、また新しい雑念や誘惑が湧いてきますからね。

「休憩」にもシングルタスクと集中を

休みの時間になにをするか。

これは作業の効率を考えるうえで、とても大事なことです。

ポモドーロ・テクニックによって半強制的に休憩をとるのは、一生懸命に使った脳を休ませる、または切り替えさせる目的があります。

作業中に我慢していたメールチェックをする人もいますが、**それはもはやタスクです**。それでは脳は休めません。

結果として、次の作業開始時に脳はまったくリフレッシュされてなく、作業の効率は落ちてしまいます。

どうしてもチェックしたいなら、タスクとして予定に組み込んでしまいましょう。

集中しているときは自律神経が間違いなく緊張しているため、休憩時間にはできるだけ緊張を緩めることに専念するべきです。

とはいえ、ただボーッとするのはおすすめできません。

脳にとって「無心」でいることはもっとも難しく、考えないでいようとするほど、余計なことが浮かんできてしまいます。

そのため休憩では、むしろなにか別のことに集中することが大事です。

深呼吸するとか、ストレッチするとか、室内を歩いてみるとか、軽くコーヒーを飲んでリラックスするとか、考えずにできることならなんでもいいでしょう。

つまり、**休憩の際もシングルタスクにする**ことが重要です。

シングルタスクには集中力を上げる他に、副交感神経を優位にさせ、緊張をリラックスさせる効果もあるのです。

さらには、**作業をしている場所からいったん離れる**のもポイントです。

同じ場所で休憩する場合、自分の意思で脳を切り替えなくてはいけません。

作業時のプレッシャーや煮詰まった状況から脳を解放するのは簡単ではなく、ここでも意思力が消耗されてしまいます。

一方で、場所を変えることで環境や視覚情報が切り替わり、脳の思考も切り替えることができます。

ここまでの話をまとめると、**休憩中には「場所を変えて、頭を使わないなにかに集中する」**ようにするのがポイントとなります。

「アクティブカウチポテト」にならないように

いま、世界的に**「アクティブカウチポテト」**が問題視されています。

「朝30分のランニングや就寝前のヨガなどを日課にしていながら、日中はずっとデスクワークをして座ったまま過ごしている」といった人のことを指す、アメリカで生まれた俗語です。

近年の健康志向の高まりから、運動習慣を取り入れる人は増えています。

ところが残念なことに、いくら運動習慣があっても、日中に座っている時間が長いと健康リスクは高くなることがわかっています。

アメリカの国立がん研究所栄養疫学部の研究によると、たとえ運動習慣があっても、**日中に座ったままの姿勢が7時間以上続く人は、1時間未満の人と比べて全体の死亡リスクが47%、冠動脈疾患の死亡リスクにいたっては2倍も多くな**

ると報告されています。

フィンランドの健康省は「座っている時間を減らす」ためのキャンペーンをうち、「1日7時間以上座っている人は、その後の座り姿勢が1時間増えるごとに死亡リスクが5%上がる」という警鐘を鳴らしています。

オフィスならまだ会議や打ち合わせで離席することがあっても、リモートワークの場合はそれさえもパソコンで済むため、1日の大半を座って過ごしがちです。

とくに日本人は平均して8時間から11時間も座っているとのデータもあります。

そこで、140ページでも紹介したアクティブレストを仕事の合間の休憩でも取り入れていただきたいと思います。

主体的に体を動かして、気持ちや体の緊張をリセットしましょう。

「1分ジャンプ」で血管のストレスを減らす

まずおすすめしたいのが、「1分ジャンプ」です。

その名のとおり、立ち上がって、その場で1分ほど跳び続けるだけです。

ジャンプによりふくらはぎの筋肉が動くことで、重力によって下半身に溜まった血液や老廃物が上半身に流されていきます。

また、筋肉の伸縮とともに筋肉内の血管も一緒に伸びるため、血流の速さが変わり、63ページで紹介したNOも出てきます。

猫背の状態で座り続けていると肺が圧迫され、吸う酸素量が減り、脳が低酸素状態になりますが、ジャンプをしているときはしぜんと姿勢が正されます。

そういった意味でも、1分ジャンプは効果的なのです。

さらには、**1分ジャンプをするとドーパミンも出ます。**

嬉しいことがあったとき、つい「ヤッター」と飛び跳ねてしまいますよね。

私たちにとってジャンプは「喜びへのアンカー」なのです。

そのためジャンプすると脳は「喜んでいる」と感知し、ドーパミンが増え、やる気や快楽といった気持ちが出てきます。

笑ったりバンザイしたりすることでもドーパミンは出るため、ただジャンプするだけでは飽きてしまうという人は、これらを組み合わせてバリエーションをつけてみてもよいでしょう。

「緊張脱力体操」で一気にリラックス

ヨガや瞑想では「力を抜いてリラックスしましょう」といわれますが、普段から無自覚に緊張状態になっている人は、意識して脱力するのは難しいと思います。

そこで、あえていちど体を緊張させて血の流れを滞らせてから、脱力することで血を流す**「緊張脱力体操」**がおすすめです。

たとえば、思いっきり力を込めてファイティングポーズをとると、腕や脇あたりの血流が止まります。その姿勢を10秒くらい続けたら、一気に力を抜きます。すると、止まっていた血流がサーッと流れる感覚になり、脱力状態を意識的に感じることができます。

肩を上に思いっきり上げて、数秒後にストンと落とすなどでもいいでしょう。意図的に緊張状態をつくりだして解放することで、脱力感を得られるのです。

「ストレッチ」で固まった筋肉をほぐす

あとは、硬直して固まった筋肉をストレッチで伸ばすのもおすすめです。

とくにパソコン作業に集中していると肩や背中のコリがでるため、肩甲骨まわりの筋肉を伸ばすストレッチはぜひ取り入れてください。

肩コリは首のコリにも発展し、それがもとで**頭痛になったり、その頭痛がもとで体が緊張して疲労を引き起こしたりする**こともあります。

ストレッチをやること自体に副交感神経が優位になる効果があり、自律神経が整って睡眠の質の向上にもつながるため、ぜひ実践してみてください。

座り過ぎは身体疲労や神経疲労をまねき、さまざまな病気を引き起こします。

仕事の合間に外へ行き運動したり、入念なストレッチをしたりするのは難しいかもしれませんが、たとえば椅子に座りながらでもハムストリングスを伸ばしたり肩甲骨を回したりはできます。

運動を意識的に取り入れることは大事ですが、より良いのは、日々の習慣として無意識に取り入れることです。

ぜひ、仕事の合間の習慣として、取り入れてみてください。

「昼寝」は立派なビジネス戦略

最近は仕事の合間に短い仮眠をとる人が増えています。

マイクロナップ（1〜2分の仮眠）、ミニナップ（10〜15分の仮眠）、パワーナップ（20分前後の仮眠）とさまざまな言葉が登場し、グーグルやナイキといった企業でも取り入れられているようです。

「15分昼寝」でシータ波を発生させる

眠気解消の効果もあるのですが、脳の疲労解消の観点で考えると、私は**15分ほどの仮眠をおすすめします。**

これは、脳波の仕組みと関係しているためです。

「アルファ波」「ベータ波」という言葉を聞いたことがあるでしょうか。

これは脳波の種類で、アルファ波はリラックスしたときに、ベータ波は脳が緊張しているときやストレスを感じているとき、警戒心を抱いているときなどに出ます。

でもじつは、アルファ波のその先に、**「シータ波」と呼ばれる脳波が存在します。**

シータ波は、なにも考えず、リラックスした状態が続くことで出はじめます。

なにも考えていない状態、つまり寝る直前はシータ波が出ています。

寝はじめはアルファ波が出ていますが、やがてシータ波に変わり、本格的なノンレム睡眠に入っていくのです。目覚めるときも同様にシータ波が出ています。

またシータ波は、記憶を司る海馬を刺激し、**記憶力や集中力を高めてくれます。**

記憶は寝ている間に定着するといわれますが、それはノンレム睡眠時に出るシータ派のはたらきによるところが大きいのです。

海馬は記憶の中でも、「ワーキングメモリー」とよばれる一時的な記憶をする場所なので、この機能が高まると、同時に頭に入れておける情報量が増えます。

つまりシータ波を増やして海馬を活性化することで、仕事の効率が上がり、脳の負担も減るわけです。

アルファ波からシータ波に切り替わるまではおよそ15分といわれるため、15分の昼寝をすることでシータ波の効果を享受できるのです。

15分で起きるのは、それ以上になると眠りが深くなってしまうためです。

「シータ波のひらめき」でアイデアを出す

さらには、シータ波がでることで、脳内でバラバラになっていた情報がフラットに結合し、**新たなアイデアが出やすくなったりする**ともいわれています。

これを利用して、アイデアがまとまっていない状態で、そのことを考えながら昼寝をしてみるのもおすすめです。

未完成な情報が睡眠中のシータ波によって整理され、起きたときにひらめくかもしれません。

なおシータ波は、**お風呂やトイレでボーッとしているとき**にも出ます。多くのトップクリエイターが、「トイレでアイデアが降りてきた」などと語るのも、シータ波の効果が大きいからでしょう。

考えが行き詰まったときは、お風呂やトイレで15分くらいボーッとしていると、ひらめけるかもしれません。

「パソコン作業」のストレスに打ち勝つ方法

リモートワークのパソコン作業は身体や神経に大きな疲労を与えます。眼精疲労、猫背、低酸素など、体が緊張状態になる要因が多く、その状態が持続することでストレスが生じ、メンタルの不調にもつながります。

これらの負担を減らすことが、快適なリモートワークのためにはかかせません。

「寝る前10分ホットタオル」で目の筋肉を緩める

まず眼精疲労については、目を温めるのが効果的です。

人の目は近くのものを見すぎると、視点を近づけるときに使う「毛様体」という筋肉が緊張状態になります。

そこを温めて緩ませることが、眼精疲労の軽減には有効なのです。

よく「目が疲れたら遠くを見るといい」といわれるのも、毛様体を緩める効果があるためです。

なお、**温めるのは寝る前だけで十分**です。

もちろん、たくさんやってもかまいませんが、寝る前に10分ほど温めてから寝るだけで、翌日の夕方まで効果が続いたという研究があります。

目を過剰に酷使している場合でなければ、ホットタオルなどで寝る前に温めるだけでよいでしょう。

ほかにも、ブルーライトを減らすことも大事です。

ブルーライトカットの眼鏡や、夜になるにつれて画面の色が変わりブルーライトが軽減されていくアプリなどもあるので、活用するとよいでしょう。

「あえての地べた座り」で強制的休憩を

「猫背」については、仕事中の姿勢を改善するしかありません。

背もたれのある椅子に座り、**パソコンの画面が目線と同じ高さになる姿勢**で作業するのが、いちばん負荷が少ない状態です。

先ほども伝えたように、猫背の状態は肺を圧迫し、取り込む酸素量を減らし、低酸素状態を生み出します。

座りすぎ自体も問題なので、スタンディングデスクを併用するのもよいでしょう。

とはいえ、家に椅子がなく、床に座ってローテーブルやこたつで仕事をしている人もいるかと思います。

この姿勢は背骨や腰に負荷がかかりやすいため、おそらく長時間の仕事はできないでしょう。

ですが、だからこそ**強制的に休憩を取らざるを得なくなります。**

あえて長時間維持するのがつらい姿勢で作業をして、強制的に休憩をとるのもありかもしれません。

下半身を動かさないことが問題なので、椅子でも地べたでも、長い時間座り続けず、しっかりと休憩をとることが重要です。

「積極的オンライン会議」でメンタルをケア

新型コロナウイルス流行を機に瞬く間に普及したのが、オンラインミーティングです。

家にいながら会議や打ち合わせができるなど便利な反面、違和感を持つことも多いのではないでしょうか。

相手の声が聞きづらかったり、表情が暗く見えて盛り上がらなかったりと、空気感が伝わらないため感情も伝わりにくい難点があります。

そのため、「なんでこんなにつまらない会議に出なきゃいけないんだ」「オンラインのせいでうまくいかなかった」など、**被害者感情になってしまいがち**です。

しかし被害者意識になると、不安や不満、後悔、または怒りといったネガティブな感情が溢れ出し、コントロール不能な状態になります。

いわゆる、扁桃体にハイジャックされた状態です。

結果として、扁桃体から視床下部、下垂体、副腎へと指令が伝わり、コルチゾールが無駄に使われてしまいます。

「よくしゃべるやつ」になって場を盛り上げる

オンラインミーティングのこういったストレスを軽減するには、他責思考を手放す必要があります。

自分が率先して**周りを明るくしたり、会議を盛り上げたり**してみましょう。

盛り上げるといっても、面白いことを言って笑いをとるわけではありません。

むしろ重要なのは非言語メッセージです。

対面のときよりも少し大きくうなずいたり、笑顔を見せたり、身振り手振りを大きくしてみたりといったように、わかりやすいリアクションであえて過度に反応することで、相手に良い感情が伝わります。

言語コミュニケーションなら、よくいわれることですが**オウム返し**は効果的です。「佐藤さんはこう思っているんですね」と相手の言葉を反復するだけでも、「この人は自分の話を聞いてくれている」と、相手は安心できます。

安心してもらうという観点なら、**フィードバック**も効果的です。

「佐藤さんがいま言ったことって、こういう理解で合っていますか？」と聞くことで、相手は「この人は私の話をわかろうとしてくれている」と思ってくれます。

それから、**共感**も大事です。

「佐藤さんもそう思っているんですね。それを聞いて私も安心しました」と共感を示すと、臨床心理学で「ラポール」と呼ばれる「心が通い合った関係性」が構築されていきます。

自分が話したときに、相手から返答がないと不安になりますよね。

オンラインでは発話者以外はつい受け身になりがちですが、積極的に感情豊かな反応をしてあげることで、相手の感情が安定し、場の雰囲気が和らぐのです。

こうまでして相手の感情を安定させてあげるのは、それが自分にもメリットをもたらすためです。

2匹のマウスを使った、ある実験があります。

まず、1匹のマウスをカゴの外に出してストレスをかけ、カゴに戻します。すると、カゴの中に残っていたマウスが、ストレスを受けたマウスのお世話をしたのです。

反対に、ストレスをまったくかけずにカゴに戻しても、もう1匹のマウスは興味を示しませんでした。

この実験で興味深いのは、お世話をされたマウスだけでなく、**お世話をしたマウスも愛情ホルモンと呼ばれるオキシトシンが増えた**ことです。

オキシトシンは、人とのつながりや愛情を感じたときに分泌されるホルモンです。

つまり生物は、**誰かのために貢献することで自分も幸せになれる**のです。

私たち人間も、誰かが喜んでくれたら自分もうれしいように、本来は他人を喜ばせるのが好きな生き物です。

だからオンラインミーティングにおいても、相手を安心させ、場の雰囲気を和らげることは、自分のメンタルの安定にとっても大事なのです。

「オンライン会議は盛り上がらない」「話がまとまりづらい」「早く終わりたい」と被害者意識になるのではなく、それなら自分が「会議を盛り上げてみよう」「進行をしてみよう」と貢献してみましょう。

オンライン会議を人とつながれるチャンスと捉え、積極的に活用すれば、被害者意識から前向きな意識に変わることができます。

人に動かされている感覚がなくなることで、主体性や自己肯定感が芽生え、メンタルが安定していくでしょう。

「朝礼・夕礼」で不安を共有する

リモートワークの弊害として必ず槍玉に挙げられるのが、コミュニケーション不足の問題です。

人と話したり相談したりする機会が減り、孤独感が募り、精神的に不安定になる人はたしかに少なくありません。

そして2章でお伝えしたように、この不安がストレスとなって、体やメンタルの不調を引き起こします。

そこで提案したいのが、「オンライン朝礼」の開催です。

他の人とつながることは、孤独感を軽減する意味で大きな効果があるため、毎日のルーティーンとして朝礼を実施していただきたいのです。

くわえて朝礼では、日々の業務報告だけでなく不安や考えもシェアしてください。

病気や交通事故で大切な人を亡くした遺族が集まって、互いの悲しみをシェアするセラピーがあります。

たとえ悲しみが解決するわけではなくても、**お互いの不安を共有し、「みんなも同じように感じているんだ」とわかるだけで、その不安は緩和される**のです。

人はみな、なにも困っていないように見えて、みんななにかに困っています。

「困っているのは私だけだ」と抱え込んでしまわないように、不安の共有をすることはとても大切なのです。

もちろん朝礼は、業務開始のリズムをつくることにもつながります。

オンとオフの切り替えのきっかけになり、まさにアンカーとして機能します。

その意味では、朝礼にくわえて夕礼も効果的です。

もし上司が賛同してくれなかったら、同僚や後輩など、有志だけで集まって開いてもよいでしょう。

さらには、同じ会社の同僚である必要もないため、リモートワークをしている友達や家族などに協力してもらって開くのも、お互いのためになって良いでしょう。

「現状」に飽きやすい脳を奮い立たせる方法

ここまで、家で仕事や作業に集中するための方法をお伝えしてきましたが、そうはいっても、どうしても気分が乗らないということはあるでしょう。

リモートワークの人なら、毎日が同じことの繰り返しで、その変わらぬ日常のなかで日々気持ちを高めて仕事に取り組むには限界があると思います。

「戦略的移動」で脳ストレスを減らす

そういうときは、まずは働く場所を変えてみるといいでしょう。

なぜなら、**脳は同じ作業の繰り返しにストレスを感じる**からです。

ここまでお読みいただいた方なら「あれ、脳って現状維持が好きなんじゃないの？」と思うかもしれません。

そのとおりなのですが、脳が現状維持を好むのは、大きな変化や未知のチャレンジを前にしたときです。

その変化に「不安」を感じた脳は、「別にいまのままでもいいんじゃない?」と不快を示し、これまで親しんだ快適な状態を守ろうと現状維持モードになるのです。

要するに脳は変化が嫌いなのではなく、**変化によるメリットよりもリスクが上回ると判断したときに不安を感じ**、現状維持によって回避しようとするのです。

それは危機回避能力であり、種の生存には必須の能力です。

たとえ命を落とすかどうかといった選択でなくても、あらゆる判断を「快か、不快か」で判断してしまうのは仕方がないことなのです。

これは反対に、現状よりも変化のほうが「快」と判断したら、脳はそれを喜んで受け入れるということでもあります。

どこかに遊びに行ったりするのも「変化」ですが、現状維持よりも快適そうと判断すれば、ストレスは感じません。

むしろ脳は、新しくて楽しい刺激が大好きなのです。

家のなかで作業する場所を変えても、大きな不安は感じないはずです。いつもの場所での仕事に飽きたら、ちょっと刺激になりそうな場所や、気分がリフレッシュしそうな場所に変えてみましょう。

自分の部屋で仕事しているなら、リビングでやってみたり、寝室でやってみたりと、少し場所を変えて脳に新鮮な刺激を与えてみるとよいでしょう。

「音の環境」を変えてみる

さらには、音の環境を変えてみるのも良い手です。

いつもは無音状態で仕事をしている人なら音楽を聴きながらやってみたり、普段聴いている人ならいつもと違う音楽を聴いてみたり、**耳から入ってくる情報の変化でも、脳は新鮮な刺激を感じます。**

なかでもとくにおすすめなのが、クラシック音楽です。

歌詞がないため余計な情報が頭に入ってこない利点もありますが、それ以上に、**クラシック音楽は脳の緊張を緩めます。**

脳の中には感情をつかさどる神経が集まっている「A10神経」という場所があり、そこをクラシック音楽が刺激するという調査結果があるのです。

また、クラシック音楽は「1／f揺らぎ」とよばれる、人の生体リズムと共鳴するリズムを持つとされています。

このリズムは川や風の音といった自然の音、そしてとくにモーツァルトの楽曲に多いといわれています。

人はこのリズムを整理的に心地よく感じるため、リラックス効果があります。

それでも50分間の集中は無理だと感じたら、「1分でやめよう」と思って手をつけてみるのもいいでしょう。

受験勉強のとき、疲れたから今日は1問だけにしようと思ってはじめると、問題が解けたらはずみがついて、そのあとも勉強が続いたという経験はないですか？

たとえ嫌だなと思っても、最初の1歩でやめると決心して手をつけてみると、意外と続いてしまうものなのです。

つまり、**やる気があるから行動できるのではなく、行動するからやる気が出る。**

気持ちは置き去りにして、とりあえず手をつけてみると案外、順調に進むかもしれません。

本当につらいときは、逃げてしまおう

ひとりで仕事をしていて、本当に気分が落ち込んだり、重い疲れを感じたりしたとき、助けてあげられるのは自分しかいません。

そんなときは無理をせず、休憩を取り、自分をいたわる時間にしてください。心と向き合い、「私、こんなことが不安だったんだ」「怒りに巻き込まれちゃってるな」「こんなに辛かったんだ」と、感情に気づけるだけで心は落ち着いていきます。

このとき、落ち着いて自分を見つめ直して、マイナスな状態に入り込んでいることに気づくための、**避難所のような場所を持つ**ことが大切です。

とくにメンタルの疲れに対しては、この避難所は「アンカー」になります。

「ここに来れば私の気持ちは安定する」というアンカーが立てられると、そこに入るだけで気分も楽になったりするのです。

「脳内避難所」をつくって逃げ込もう

この避難所は、現実にある場所でなくてもかまいません。

つまり、**脳内に逃げ場を確保してもいい**のです。

たとえば屋根裏部屋のような場所が好きなら、頭の中に自分だけの屋根裏部屋を思い描いて、メンタルが疲れたらそこに逃げ込む妄想をします。

「階段をトントントンと上がり、目の前にある赤いドアをガチャっと開けると、光の差し込む屋根裏部屋が広がっている。そこに自分が入っていき、座っている」

そんなイメージを具体的に想像して、心が落ち着いたと思ったら、そこから出ていきましょう。

在宅作業は、時間や場所が自由ではありますが、すべて自分で決める必要があります。

つまり、つねに自分の欲求や本能と向き合い続け、自制していかなくてはいけません。

かんたんなことではありませんが、時間や計画の自己管理ができると、感情の乱れが減っていきます。

それはつまりストレスの管理ができるようになることであり、身体疲労や神経疲労、精神疲労、そして副腎疲労の予防にもなるのです。

あらゆることを主体的にコントロールする力を手に入れて、快適な在宅作業を実現していきましょう。

5章

頑張る自分をいたわる「最高の休日」

最高の休日は「前日の夜」からはじまる

「休日はずっと家で休んでいたのに、翌朝から体が重い」

休日にしっかり休んだつもりでも、疲れが取れないと悩む人がいます。

それは、ただ家にいただけであって、「正しい休み方」ができていないから。

この5章では、平日に溜まった疲れを完全に取り去る、「最高の休日」の過ごし方をお教えします。

休日の睡眠は「平日プラス2時間」までに

まず、冒頭のように嘆く人の多くがやりがちなのが、「寝溜め」です。

平日は仕事が忙しくて十分に眠れないからと、休日はお昼頃や、ときには夕方まで寝てしまうことです。

平日は3、4時間ほどしか寝られないという睡眠不足の人なら、いつもよりたくさん寝ることで、ある程度は睡眠不足をリセットできるでしょう。

ですが、休日にたくさん寝たところで、翌日以降はあまり寝なくても済むということはありません。

言ってしまえば、**睡眠負債は返済できても、睡眠の先取り、つまり睡眠貯金はできない**のです。

また、たくさん寝て起きたあとは、頭がボーッとする感覚になりませんか？　起きている時間帯がずれることで、リズムが崩れ、海外に行ったときの「時差ぼけ」に近い症状になってしまっているのです。

「時間のある休日くらい、普段より多く寝たい」ということなら、**せいぜい普段のプラス2時間まで**にしましょう。

平日はいつも7時に起きる人であれば、9時には起きたいところです。

それでも足りないと感じたときは、昼寝をしましょう。

1時間や2時間も昼寝してしまうと時差ぼけになってしまいますが、195ページでも紹介したように30分以内、つまり睡眠モードの脳波に変わる前に目が覚めるようにすれば、影響はありません。

あまり遅い時間に寝てしまうと夜の睡眠に影響してしまうため、昼食を食べて眠くなる昼過ぎぐらいに昼寝をするのがベストです。


要するに、休日だからといって生活のリズムを変えずに、**いつもと同じ時間に起きて同じ時間に寝る**ことが、もっとも良いリズムなのです。

とはいえ、ここでお伝えしたのは標準状態の人における話ですので、自分にとってどのリズムがいちばん合うかは、自分で確かめてみましょう。

「前日の夜」に夜更かししない

休日の前夜は、多くの人が「明日は休みだから」と、遅くまで飲み歩いたり、なんとなく「まだ寝なくてもいいよね」と、だらだらとテレビやスマホを見たりして、夜更かししがちです。

その結果、翌日に起きる時間も遅くなり、休日の朝時間は確保できなくなります。

このあとで詳しくお伝えしますが、休日に疲れを取るには、朝の時間を有効活用することがポイントになります。

つまり**最高の休日を過ごすには、前日の夜からの意識が大事**なのです。

前日の夜にだらだらと夜更かししてしまうのは、休日にやることを決めていないからではないでしょうか。

ストレスを取る正しい方法を知らないから、とにかく長い時間眠れば大丈夫だと考えて、夜更かししてしまいます。

正しい休息法を知り、あらかじめその予定を組み込んで計画を立てておけば、夜更かしすることなく寝るようになるはずです。

では、平日に溜まったストレスを取るためには、休日はなにをするといいのでしょうか。次のページから詳しくみていきましょう。

「スロータイム」な朝がストレスをリセットする

休日の朝、目覚めたあなたはまずなにをしますか？

いきなりスマホを手にとってＳＮＳを見たり、テレビをつけてニュースを見たりしていないでしょうか。

それは、空っぽになった脳に、情報を詰め込む行為です。

せっかく睡眠によってリラックスした脳に、**朝から大量の仕事を押し付けるようなもの**です。

１日を快適に過ごすためには、朝の時間をゆっくり楽しむことがとても大事。

つまりファストタイムではなくスロータイムな過ごし方です。

スロータイムの過ごし方で重要なのは、その瞬間をゆっくり味わうこと。

いつもは慌ただしくて気づかなかった朝の空気の冷たさや、窓から差し込む日差し、普段聞き逃していた鳥の声、そして自分の呼吸などを感じてみましょう。

「朝瞑想」で贅沢感を得よう

スロータイムを過ごしたい朝は、瞑想をするにはうってつけの時間です。

そこで、休日の朝にまずやることとしておすすめしたいのが、「朝瞑想」です。

そもそも瞑想でどのような効果が得られるのでしょうか。

よくいわれるのが、感情が落ち着いた、気持ちに余裕が出た、すがすがしい気持ちになった、といった声です。

他にも、ポジティブ感情が増加する、抑うつ感情が減少する、ストレスが軽減する、さらには他人への思いやりの気持ちが出てくる、共感性が増す、つながりの感情が得られたという報告もあります。

こういった気持ちを持って1日をはじめるのと、「ああ疲れたな」という気持ちではじめるのでは、その日の過ごし方がまったく変わってきます。

いつも慌ただしく過ごす朝をゆっくり過ごすということは、とても贅沢なこと。

人はなにもしていないと、「もったいない」と損をしたような気分になりますが、

なにもしない時間をあえて過ごすことほど贅沢なことはないのです。

そんな感覚をもって1日をはじめられると、朝から充実感を得られ、お得感をもって1日を過ごせるでしょう。


瞑想は家の中でやるのももちろんいいのですが、朝の空気はどこか神秘性があるので、外でやるのもおすすめです。

とくに、緑があるともっといいです。庭の芝生の上で、葉の手触りや植物の香りを感じた状態でやると、さらにリラックス効果を得られます。


また、**朝の瞑想は空腹時がおすすめ**です。

食後はエネルギーや血流が腸に集まり、意識が消化に向かい、脳の血流も減っています。食後にボーッとするのは血糖値の変化によるところもありますが、単純に脳の血流が減っているのです。

この状態では脳はあまりはたらかず、瞑想の効果も薄くなります。

そのため、瞑想は1日のはじめの空腹時にやるのがいいのです。

193ページでも紹介しましたが、瞑想をはじめる前にあえて一度、体に力を入れてみるのもおすすめです。直前にわざと神経を緊張させることで、その後のリラックス状態に入りやすくなります。

「呼吸瞑想」で自律神経の乱れをリセット

そして瞑想の際は、呼吸に集中してみましょう。

ゆっくりと呼吸して、大きく息を吸って、ゆっくりと吐く。

ポイントは息を吸う時間よりも吐く時間を長めにすること。

自律神経は、息を吸うときに交感神経が優位になり、吐くときに副交感神経が優位になります。

吸う時間よりも吐く時間を長くすることで、副交感神経が優位な状態が増え、自律神経のバランスが落ち着いてくるのです。

呼吸の長さについては、「3秒吸って6秒吐く」「1対2の割合で吸って吐く」などさまざまな方法があります。

他にも、私が「セブンイレブン呼吸法」と勝手に呼んでいる「7秒吸って11秒で吐く」方法や、「4秒吸って、2秒止めて、15秒で吐く」方法もあります。

自分に合う方法で、息を吐く時間が長くなるよう意識して呼吸してみましょう。


これをやっていくと、普段呼吸が浅い人も、深い呼吸をする癖が付いてきます。

深い呼吸をする癖が付くと、なにかのきっかけで感情が乱れたときに、反射的に怒ったりせず、気持ちを落ち着ける余裕ができます。

瞑想によって呼吸のリズムを整えることは、普段の精神を落ち着かせることにも役立つのです。

幸福は「朝の太陽」が与えてくれる

瞑想で頭をスッキリさせたあとは、いよいよ1日の活動のはじまりです。

朝の時間は「プライムタイム」とも呼ばれます。

「プライム」は、「最良の、もっとも重要な」という意味であり、それほど朝は大事な時間と考えられています。

とはいえ、焦っていろいろと詰め込む必要はありません。

先ほどもお伝えしたように、疲労回復のためには「スロータイム」が大切です。

朝ごはんづくりを楽しんでみたり、贅沢なバターを塗ってパンを食べてみたり。

135ページで紹介した食事のマインドフルネスをやってみるのもいいでしょう。

朝食の味やコーヒーの香りをしっかりと味わって、心から楽しんでみます。

「朝の散歩」でセロトニンが溢れ出す

ゆっくりとした時間を楽しむという点でいちばんおすすめしたいのが、**「朝の散歩」を楽しんでみる**ことです。

朝の散歩は最高のアクティブレストになりますし、誰でも気分転換できます。

朝、太陽を浴びながらのんびり歩く気持ち良さは、なんとなく感覚的にわかるのではないでしょうか。まさに脳がリラックスできている瞬間です。

さらに朝の散歩をすると、朝日を浴びてセロトニンが増えます。

くわえて平日と同じリズムで目覚めることで、セロトニンが増えます。

そしてリズミカルな有酸素運動により、セロトニンが増えます。

つまり朝の散歩は、**セロトニンに対して三乗の効果**があるのです。


また、朝に軽く運動しておくと、夜の睡眠の質もよくなります。

なぜなら、朝の散歩で出たセロトニンがメラトニンに変わっていくからです。

すでにお伝えしたように、メラトニンは睡眠を促すホルモンです。

昼間にセロトニンをたくさん出しておかないと、このメラトニンがつくられず、夜になかなか寝られなくなってしまうのです。

反対にメラトニンは太陽の光を浴びると分泌が止まるため、朝の散歩は目を覚ます効果もあります。


そして、朝の散歩は体内時計のリセットにもつながります。

人はみな、「サーカディアンリズム」とよばれる、24時間を1セットとする体内リズムを持っています。

しかしそのリズムは正確には24時間10分ほどと、1日のリズムと少しズレているため、そのままでは体のリズムと生活のリズムがズレていってしまいます。

ですが私たちは、**太陽の光を浴びることで「朝」を認識し、ズレた体内時計をふたたび「朝」に合わせ、体内時計のズレをリセットできる**のです。


そして太陽の光は、人の精神衛生においても大きな役割を担います。

うつと日光の関係を調べた、ある実験があります。

うつ病の患者を何百人も集めてふたつのグループに分け、ひとつのグループは抗うつ剤を飲んで治療し、もうひとつのグループは薬を飲まずに外を歩くようにしました。

この2グループを比べたところ、うつ病が治った割合はまったく同じでした。

つまりうつに対して、**外を歩くことは、薬と同じくらいの効果があった**のです。

よく、日照時間の短い北欧の国々や、冬場にうつ病が多いとされるのも、太陽の光が少ないためといわれています。

なぜ、太陽の光がうつ病の予防になるのでしょうか。

それは、太陽の光を浴びるとビタミンDがつくられるためと考えられています。

ビタミンDは食べ物でも摂れますが、じつは日光さえあれば、皮膚でもつくられていきます。このビタミンDが、免疫力を高め、人の精神を落ち着かせるはたらきを持っているのです。

朝の散歩には、ストレス解消や精神衛生の面でいくつもの効果があるのです。

朝の散歩を「マインドフルネス」にする

朝の散歩の効果をさらに高めたい人は、その時間をマインドフルネスの時間にしてみましょう。

なにか考え事をしながら歩くのではなく、「右足、左足、右足、左足」と、**ただそれだけを数えてみる**のです。

意識をそこに集中させることで、他の考えを頭から取り除ける、つまりマインドフルネスな状態になれます。

このマインドフルネス散歩では呼吸法も大事です。

心地よいペースで歩くだけでも、心が落ち着き、溜まっているストレスがリセットされ、メンタルも改善されますが、呼吸によってさらに緊張を取って副交感神経を優位にさせることができます。

ここでもポイントは、**息を吸う時間よりも吐く時間を長くしてあげる**ことだけ。224ページで紹介した呼吸法などを、歩きながら行ってみてください。

なお、散歩の際は脱水には気をつけてください。

人間は寝ているあいだに汗をいっぱいかいているので、散歩の前は水分をしっかり摂るようにしましょう。


そして、朝の散歩は**起きてから1時間以内に行く**のもポイントです。

朝日を浴びることで体内時計がリセットされるため、たとえ朝早く起きても、家でじっとしていて昼過ぎに太陽の日を浴びていては、ちょっともったいないのです。

「インターバル速歩」で飽きを乗り越える

このように、良いことづくしな「朝の散歩」ですが、だからといって義務化してはいけません。

「やらなきゃ」と義務感を持ったり、「毎週日曜は5時に起きて散歩しよう」と頑張りすぎたりしてしまうと、続けられなくなるでしょう。

無理しない範囲で続けることがなによりも大事です。

ただ歩くだけでは飽きてしまうという人には、信州大学教授の能勢博さんが提唱した**「インターバル速歩」**がおすすめです。

これは「3分ふつうに歩く→3分速く歩く」を繰り返す、ちょっとメリハリを付けた歩き方です。

一定リズム運動ではないためセロトニン分泌の効果は下がりますが、これを実践することで気分がリフレッシュされ、多くの人が続けられたという研究があります。

他にも、やりたいことを習慣化するには、その準備を減らすのが効果的です。

散歩する格好で寝るとか、前日に靴を準備しておくなど、できるだけ少ない工程で実践できるようにするのも良いやり方です。

運動は続かなければ意味がありません。

ゆっくり歩いてみると目に入ってくる景色や情報はまったく変わるため、**歩くのは普段と同じ通勤路でもかまいません。**

はじめから目標を高くせずに、最初は数分でもいい、玄関のドアを開けるだけでもいい、もしくは玄関に靴を置くだけでもいいので、やってみてほしいと思います。

見るだけでも効果がある「緑の力」

朝の散歩では、ぜひ「緑のあるところ」を目指していただきたいと思います。

森林セラピーや森林浴という言葉があるように、緑に触れることにはリラックス効果があったり、うつ病に対して有効だったりという効果を示す論文は溢れるほどあります。

都市にいる人と緑の多い田舎にいる人では、通常の生活時のコルチゾール濃度がまったく異なるという研究結果もあります。

よく、山で大自然に触れると自分の悩みがちっぽけだと気づき、悩みが消えるともいいますよね。

それくらい、緑の中に自分がいるという感覚には大きな効果があるのです。


森林が人体やメンタルに良い理由はまだ定かではないのですが、科学的に考えると、一説には「フィトンチッド」が作用していると考えられています。

フィトンチッドは、「なぜ森の中は微生物や虫がたくさん死んでいるはずなのに臭くないんだろう」という疑問からはじまった調査によって判明した、樹木が出す芳香作用、芳香物質のことです。

これは樹木が自分の体を外敵から守るために出している、殺菌作用を持った揮発性の成分です。それが結果的に森の空気を浄化しているのです。

その効果を測定した大規模な研究結果はありませんが、この**フィトンチッドが**

呼吸によって体内に取り込まれると、抗酸化作用が働き、ストレスが軽減されるといわれています。

「公園まで散歩」でも効果は抜群

では、どれくらい自然の中で過ごせば健康感や幸福感を感じるのでしょうか。

世界的に有名な科学雑誌『Nature』に掲載された論文では、「週に120分以下ではあまり効果がなかった」と書いてあります。

そのため、いっぺんにではなくても、**週に合計で120分を自然の中で休めればベスト**です。

とはいえなかなか大自然には行けないという人は、**近所の公園でもかまいません。**

緑のある公園に行って、そこを歩いたり、ベンチに座ってボーッとしたりするだけでもいいのです。

ただしそのときは、スマホは置いていきましょう。

スマホから飛び込んでくる情報や刺激は脳を疲れさせます。

ベンチに座って、空や鳥を眺めたり、そこでうたた寝したりして、本当にボーッとした時間を過ごしてみましょう。

近所に公園すらないという人は、職場のデスクや家庭のテーブルなど、**身近なところに観葉植物を置くだけでも効果がある**といわれています。

どんなに小さな自然でも、私たちのストレスを軽減してくれる、癒しの力を持っているのです。

「朝の入浴」は10分程度に

朝の散歩で程よい汗をかいたあとは、帰宅後、朝の入浴もおすすめです。

温泉旅行に行ったとき、朝からお風呂に入ると非日常感を味わえますよね。

そういう意味で、たとえ家でも、いつもとは違う贅沢な気分を味わえます。

ここでも汗を流すとともに、ラベンダーやヒノキなど、入浴用のアロマオイルを入れて自然を感じ、より贅沢な気分をゆっくり楽しむのもいいでしょう。

ただし、すでにお伝えしたように、お風呂は長く入りすぎると副交感神経が優位になって眠くなります。

朝は活動性を上げる必要があるため、副交換神経が優位にならないよう、**湯船に入るのは5分から10分程度**にしましょう。

「妄想」で思考と人生に主体性を取り戻す

朝は脳にいちばん余裕がある時間です。

前頭葉もまだ元気で、いろいろな意思決定や発想がしやすい時間でもあります。

「朝妄想」で夢を具体化する

そこで、この時間を使って、瞑想にくわえて**「妄想」をするのもおすすめ**です。

妄想とはつまり、思考を頭のなかで絵にすることです。

自分がどうなりたいか、なにをやってみたいか。

普段、漠然と考えていることを具体的な絵として思い描いてみましょう。

この妄想で大切なのは、それが達成したとわかる具体的な絵を描くこと。

たとえばハワイに行きたいと思っているなら、実際にハワイの砂浜でのんびりして、ギラギラした日差しや潮の香りを感じている状況をリアルに想像してみます。

年収1000万円を得たいのなら、タワーマンションに住んでいるところや、給与明細がいくらになったかとか、リアルな絵を思い浮かべるのです。

そうすることで、夢に向かうモチベーションが高まりますし、叶えるために必要なモノや行動が見え、脳の思考ストレスを減らせます。

「モーニングクエスチョン」で感情を客観視する

また、自分で自分に質問を投げかけてみるのもおすすめです。

私は「モーニングクエスチョン」と呼んでいますが、**自分を内省し、振り返り、見つめ直す時間**ができます。

「他人への感謝が足りないな」と思っているのであれば、「感謝できることはなにかな?」と質問してみたり、「失敗ばかりで自分はダメだな」と思っているなら、「自分を褒めてあげられることは何か?」と尋ねてみたり。

または「今度の日曜日、最高の1日を過ごすとしたらどんなことができるか」「なんの制限もなかったら1年後にどうなっていたいか」など、自分を前向きにしてくれる質問を尋ねてみたり。

「自分が大切にしていることってそもそもなんだったっけ」と問いかけて自分の価値観を思い出したり、「私はなにを求めているんだろう」と問いかけて願望や目標、目的を確認したりするのもいいでしょう。

感情が不安定なときなら、「私はいまどんな気持ちだろう」と問いかけ、自分を客観視してみるのもとても効果的です。

「朝ジャーナリング」で思考の癖を変える

そしてできれば、妄想した内容は書き出していただきたいと思います。

漠然とした思考を妄想によって具体化したら、さらにそれを言語化したり、イラストにしたりすることで、思考がより具体化します。

考えを書き出して具体化する手法は「ジャーナリング」と呼ばれ、欧米では何年も前から行われている思考整理術です。

この朝妄想とジャーナリングをうまく使えば、**意識的に思考の癖を変えることもできます。**

たとえば自己肯定感や自己評価が低い人なら、朝のジャーナリングでは「自分を褒められること」を3つ書いてみてください。

人の良いところを見つけるのが苦手という人は、誰かの「褒められるところ」を書くとか、苦手な人との関係性をよくしたいという人なら、「○○さんのいいところ」と書き出すのもとてもいいでしょう。

反対に、夜にジャーナリングをするなら、「その日にできたこと」「褒められるべきポイント」や、うまくできなくて改善が必要だった「成長ポイント」などを妄想してみます。

ポジティブに書くことで、思考を切り替える癖が身につき、しだいに考え方や行動に良い影響が出てくることでしょう。

「週末日記」で人生の主体性を取り戻す

朝の妄想とジャーナリングが習慣になってきたら、「週末日記」を書いてみるのもおすすめです。

これは、「次の1週間でなにをやるか」「どんなチャレンジをするか」など、前向きに妄想する、ひとり経営会議みたいなものです。


この週末日記は、**仕事や人生における「第2領域」**に着手する時間を確保する意味もあります。

第2領域とは、『7つの習慣』の著者であるスティーブン・R・コヴィー氏が提唱した、人のアクションの4分類のうちのひとつのことです。

コヴィー氏は、人のアクションを重要性と緊急性によって「重要かつ緊急なもの」「重要だけど緊急ではないもの」「重要ではないけど緊急なもの」「重要でもなく緊急でもないもの」の4領域に分けました。

第1領域の「重要かつ緊急なもの」は、たとえば差し迫った重要な会議やプレゼンの準備などです。第3領域の「重要ではないけど緊急なもの」は、電話対応や子供の対応、第4領域の「重要でもなく緊急でもないもの」は、テレビやSNSを見たりすることです。

そして第2領域の「重要だけど緊急ではないもの」が、資格の勉強をしたり本を読んだりなど、夢や目標を叶えるために必要なことです。瞑想や妄想もこの領域です。

人はつい緊急なものを優先したり、手軽にできる行動をとりがちなため、この第2領域のアクションがおろそかになりがち。でも、**この第2領域の実行こそ、理想の人生を実現するためにもっとも重要なこと**です。

ひとりの時間に「週末日記」の時間を設け、次の1週間の行動指針を書き出してみることで、第2領域のアクションに考えが至り、夢や目標の実現のための時間が確保できるでしょう。

さらには、漠然と抱いていた「いつかやりたいけど、なかなかできない」という悩みも減ることで、脳の負担も減ります。

いかに第4領域を減らして第2領域を増やすか。

これによって自分の人生を主体的に進めることができ、被支配感情が消え、ストレスが和らいでいきます。

ここまで、「朝瞑想」「朝散歩」「朝妄想」と、朝やるのにおすすめしたいことをいくつかご紹介しました。

もしひとつの流れを提案させていただくとしたら、次のようになります。

「平日プラス2時間」の時間までに起床する。

起きたらまず瞑想をする。

眠気が覚めてきたら、起床から1時間以内に散歩に行く。

散歩から帰ってきたら、入浴して汗を流し、10分ほど湯船に浸かってみる。

湯上がりにリラックスできたら、次の1週間にやることを妄想して書き留める。

これが体と心のストレス解消にもっとも効果的な、休日の朝ルーティーンなのです。

「メンテナンス」は、することに意味がある

朝の時間を有効に使えると、午前中の時点で、すでに達成感が得られます。だからといって、その後をダラダラ過ごしてしまうのはもったいないものです。時間のある休日こそ、主体的に体を休めていきましょう。

ただボーッとソファに座って1日を過ごす休み方ではなく、積極的に自分の体を労ったり、「頑張ったね」とご褒美を与えてみたりしてはいかがでしょうか。

休日を「メンテナンスデイ」にする

自分にご褒美を与える際は、エステに行く、マッサージに行く、朝ヨガのスタジオに行くなど、あえて外出してメンテナンスをしに行くのが重要です。

当然、「嬉しい、楽しい」といった感情も湧きますし、メンテナンスをしに外出すること自体がドーパミンの増加につながります。

他にも、岩盤浴に行って汗や老廃物を出してデトックスしたり、薬膳料理を食べ

に行ったりするのもよいでしょう。

体に本当に効果があるかどうかは別として、**健康に気を遣っている自分を感じることが重要**なのです。

外出するのはどうしても億劫だという人は、たとえばストレッチをひときわ入念にやるのも効果的です。

いつもは5分しかやらないところを、30分かけてやってみるのも、贅沢なスロータイムの過ごし方のひとつです。

ポイントは、テレビなどを見ながらやるのではなくて、「この時間はストレッチの時間」と決めて、集中して取り組むことです。

筋肉や骨の動きといった、自分の体の変化に意識を集中させて、いつもより少し長めにやってみましょう。

ストレスの解消においては、「なにもしない」「確実に効果が実感できることしかしない」ではなく、**「ストレスを取るための行動をした」事実と実感が重要**です。

「自分はちゃんと気を遣っている」と感じることで、ストレス解消はもちろん、自分に自信が出たり、自己肯定感が高まったりするのです。

あなたの腸に「休日」はありますか？

1章でお伝えしたように、食事から受けるリスクは多々あります。

原始人が1日1食で生活していたことを考えると、現代は過食、飽食、偏食の時代です。

それにより現代人の腸は、あらゆるストレスにさらされています。

最近では**「リーキーガット症候群」**という言葉が登場しました。

リーキー（リーク）は「漏れる」、ガットは「腸」を意味します。

つまり、腸に穴が空き、腸内の物質が漏れている状態です。

目に見えないミクロの穴なので、胃カメラでもわかりません。

腸に穴が空くと、まだ完全に消化しきれていないものがそこから漏れ出て、血液の中に吸収されてしまいます。

すると、血管を通って、炎症を起こす物質が広がり、全身に炎症が広がる。

それが、じんましんやアトピー、そして得体の知れない疲労感につながります。


また怖いのが、**腸の炎症は脳にまで悪影響を与える**ことです。

脳と血液の境目には血液脳関門という関所があります。BBB（ブラッド・ブレイン・バリアー）ともいって、許可されたものだけを脳内に入れる機能があります。

この関門が、腸から漏れ出た炎症物質などによって炎症し、壊れてしまうのです。

すると、炎症物質が脳まで届き、脳のパフォーマンスや集中力が落ちたりします。

リーキーガットを発端にした、**リーキーブレイン**という状態です。

食べ物の影響で、こういった状態になっている人が増えているのです。

「断食」で腸を休める

このように、現代人の腸は過食や偏食によって傷んでいます。

そこで提案したいのが、「断食」です。

近年は「ファスティング」ともよばれ、注目されている健康法でもあります。

断食には、食事によるリスクを軽減するだけでなく、頭がすっきりしたり、摂取カロリーが減って体重が落ちたり、あとは飢餓状態に入ることでミトコンドリアが危機感を持ち、機能が向上したりする効果もあります。

そして当然、ストレス解消の観点においても効果があります。

なぜなら、**人間の活動でいちばんエネルギーを使うのは消化**だからです。

断食によって消化を止めることで、エネルギーを細胞の新陳代謝やミトコンドリアの機能向上といったセルフメンテナンスに使えるようになります。

そればかりか、肝臓の機能にもエネルギーが回り、体内の老廃物を排出するはたらきも向上します。

また断食は、当然ながら、血糖を抑えることにもつながります。

そのうえ、摂取する糖質が減ることで、脂肪の燃焼にもつながります。

人間の体は糖を燃焼してエネルギーを生みますが、糖が足りなくなると脂質などに含まれるケトン体を燃焼してエネルギーを生むようになるためです。

この仕組みを利用したのが、最近よくいわれるケトジェニックダイエットです。

「休日16時間断食」で手軽に実践

こんなに良いことづくしの断食ですが、仕事にはエネルギーが必要で、日常的に取り組むのは難しいという人も多いでしょう。

そこで、**エネルギー消費の少ない休日だけプチ断食**するのをおすすめします。

具体的には、16時間の断食です。

16時間は、エネルギー消費の源が糖から脂質に変わるまでの時間。16時間たつと糖が燃焼し尽くされ、脂質の燃焼がはじまります。

食事時間を自由に調整できる休日をうまく使って、たとえば前日の夜8時に軽い夕食を摂って、翌日は朝食を我慢して、12時に昼食を摂る。

これで16時間の断食になります。

どうしても我慢できない人は「ボーンブロス」を

16時間何も食べないのはつらいという人は、食べても良いものに絞って食事するのはありです。

断食は「炎症物質を取り込まない」「インシュリンを出させない」ことが重要なので、そこに気をつければある程度の食事はしてもいいと思います。

たとえば、ローカロリーダイエットなどで食べる野菜だけはオーケーにするとか。

最近では**「ボーンブロスファスティング」**という方法も流行っています。

ボーンブロスは「骨髄」のことです。骨髄はとても栄養価が高いので、牛の骨髄などを煮込んだ牛骨スープなど、消化の必要がないものは飲んでも問題ありません。

また、水もいくら飲んでもかまいません。

むしろ血液循環を良くするためには**1日2リットルは絶対に飲んでほしい**ところ。腸に滞留した便を出しやすくする効果や、解毒機能を高める効果もあるので、水分はたくさん摂りましょう。

ストレスに負けない「強い脳」をつくる

ここまで、平日の疲れを取り去る「最高の休日」の過ごし方を紹介してきました。実践できそうなものがあれば、まずは一度、試してみていただけると嬉しいです。

とはいえ、効果的な方法はこれだけではありません。

言ってしまえば、極端な話、**普段やっていないことならなんでもよい**のです。

「やったことのないこと」をやってストレス耐性をアップする

これまでに何度も触れましたが、脳は新しいことが大好きです。

つらいこと、やったことのないこと、不安なことは嫌いでも、楽しそうなことやワクワクする刺激は大好物です。

なぜかというと、新しいものを目にすることで、「なんらかの報酬が得られる可能性があるな」と脳が認知し、報酬系がはたらいてドーパミンが増えるためです。

さらには、新しい刺激は海馬を活性化するというデータがあります。

2章でお伝えしたように、脳にストレスがかかると扁桃体が刺激を受け、海馬に信号がいき、その出来事を記憶します。

そして私たちは、次にまた体験したことのない状況が訪れたとき、海馬がいままでに経験した過去の記憶を分析して、ストレスかどうかを瞬時に判断します。

そのときに、海馬で「これはストレスじゃない」と処理できると、扁桃体もストレスだと認識せず、コルチゾールも分泌されません。

つまり、多くの経験をして海馬の記憶を増やしておけば、未知の事態や情報と接触しても、「これはあのパターンと同じだから焦る必要はない」と処理できるようになるのです。

そのため「やったことのないこと」をやると、脳に余裕を持たせられます。

「知的好奇心」を満たす活動で神経を復活させる

ただ、海馬は短期記憶の場所であり、長期記憶は脳の別の場所に眠っています。

海馬と、長期記憶を司る他の領域とをつなぐネットワーク、つまり神経細胞のはたらきが、脳の機能に大きく関係しています。

この神経細胞は年齢によって死に絶え、減っていくだけだと考えられていました。

しかし最近では、いちど駄目になった神経細胞も、ふたたび信号を送ることでまた蘇るということがわかっています。

それどころか、**信号を増やしていくと一旦落ち込んだ脳機能はグレードアップする**こともわかりました。

脳内ネットワークがグレードアップできれば、海馬の機能向上はもちろん、集中力、記憶力、想像力といった機能が高まり、脳に余裕が出てストレスも減ります。

つまり脳の機能は刺激によって強化できるということです。

その刺激を得るためにも、行ったことのない場所に行ってみたり、やったことのないことをやってみたりと、環境を変えてみることはとても効果的です。

ジェットコースターに乗りに行くといったことも刺激にはなりますが、できれば、なにかを考えたり、感じたり、知ったりする、**知的好奇心を満足させる新しいことに**チャレンジしてみましょう。

チャレンジといっても、難しいことをする必要はありません。

これも繰り返しになりますが、習慣は続かないと意味がありません。

逆に考えれば、没頭して続けられることなら、なんでもいいのです。

ハードルの高いことではなく、本を読むとか映画を観るとか、できるだけ手軽なことから実行してみましょう。

さあ、予定を立てよう

休日の予定は事前に立てましょう。

朝起きて「今日は充実した日にしよう」と思っても、いざなにをしようか考えると、良い案が浮かばなかったり、面倒になったりするものです。

そして結局、寝てばかりいて1日が終わる。

なにもしない休日はあっという間に終わってしまいます。

なんとなく休日が終わると、翌日からまた気だるい1週間を過ごすことになります。

だからこそ、**事前に計画を立てることはなによりも大事**です。

「疲れてるからなにもしない休日にしよう」ではなく、目的意識を持って、主体的に休日計画を立てましょう。

充実感を得られると、気持ちのよい疲労感と引き換えに、心と体の慢性的な疲れは吹き飛び、スイッチを切り替えて翌日を気持ちよくはじめられるはず。

自らの心と体をメンテナンスする意識を持ち、その日の夜に「この休日は充実したな」「また明日から頑張ろう」と思えるように、ぜひ計画してもらいたいのです。

知らない街に行ってみる。
近くの山に登ってみる。
美術館で普段見ない絵を見てみる。
自分でも絵を描いてみる。
音楽を聞いたり、演奏したりしてみる。

朝ご飯をちょっと贅沢にしてみる。

いつも自転車で行っていた近所のカフェに歩いて行ってみる。

帰り道にひと駅手前で降りて長めに歩いてみる。

部屋の模様替えをしてみる。

靴磨きをやってもらったり、お気に入りのバッグをきれいに拭いたりしてみる。

読みたかった本を時間をかけて読んでみる。

朝から近所の公園に行ってみる。

新しくできたエステに行ってみる。

テレビで見て気になっていたお店に行ってみる。


よく考えてみると、「時間があったらやりたいな」と思っていたことが、いくつもあるのではないでしょうか。

さあ、この本を閉じたらメモを開いて、次の休日にやりたいことを書き出してみましょう。

それが、ストレスと決別する生活の第一歩となるのです。

巻末付録

おうちでできる ストレス解消 ストレッチ

本書では、ストレスを積極的に解消するための
「アクティブレスト」として、
ストレッチをおすすめしてきました。
そこで本書の最後に、
いくつかのストレッチを紹介します。
回数や頻度などはそれほど気にせず、
自分の気持ちの良い強さ、回数で、
気が向いたときにやっていただいてかまいません。
「自分の体をメンテナンスしている」
という意識を持てるだけで、
ストレッチを実践する価値はあるのです。

〔ストレッチ監修〕
疲労回復専用ジム
「ZERO GYM」

上半身のストレッチ❶

伸びる部位
▼
首のうしろ

スタート姿勢

① あぐらを組んで座り、指と指を組んで後頭部に添える。
② 背中がまっすぐになるように姿勢を正す。

ストレッチ動作

① 息を吐きながら頭を下げ、目線をおへそに向ける。頭に腕の重みを感じながら、首の後ろの伸びを感じる。
② そのままの姿勢で5回呼吸し、息を吸いながら頭を上げて手をほどく。

上半身のストレッチ❷

伸びる部位
▼
背中

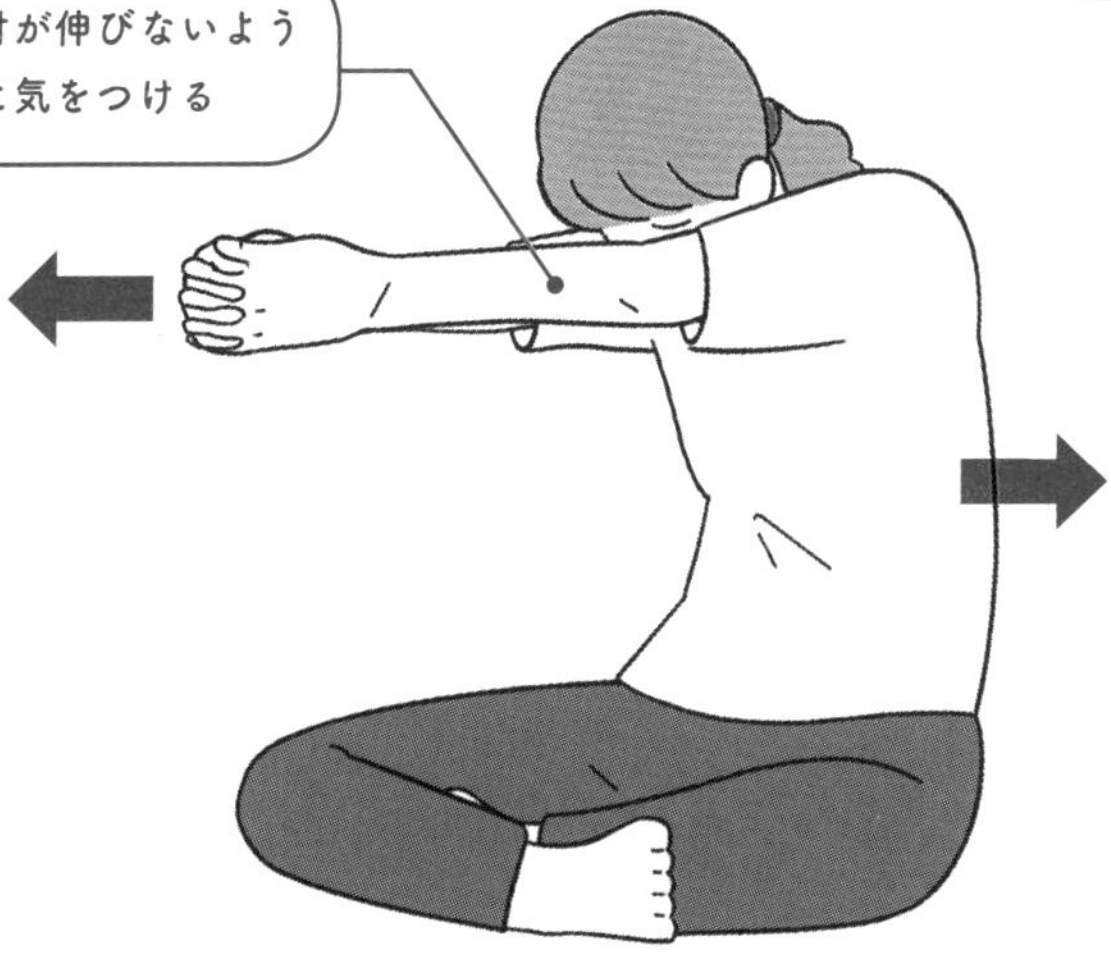

スタート姿勢

① あぐらを組んで座る。

② 指と指を組み、両手の手のひらを胸に近づける。肘は肩と同じ高さまで上げ、肩の力は抜く。

ストレッチ動作

① 息を吐きながら、ボールを抱えるようなイメージで腕を前に突き出す。

② 腕を突き出しながら背中を丸めていき、首を下げて目線はおへそに。おへその下に呼吸を送るように意識して、そのままの姿勢で5回呼吸する。

上半身のストレッチ❸

伸びる部位
▼
肩

スタート姿勢

① 指と指を組み、手のひらが上に向くようにして腕を頭上に伸ばす。
② 指を組んだまま左肘を下げ、右肘は上に向ける。

ストレッチ動作

① 息を吸いながら背骨を引き上げ、頭を起こす。
② 息を吐きながら肩の力を抜く。そのままの姿勢で5回呼吸する。

左右の腕を入れ替えて繰り返す。

上半身のストレッチ❹

伸びる部位
▼
胸筋

膝がかかとより
前に出ないようにする
肩甲骨を中央に
寄せていくようにする

スタート姿勢

① 四つん這いの状態から、左足を両手のあいだに置き、上体を起こす。
② 左脚の膝がかかとよりも前に出ないようにしながらお尻を下げる。
このとき、おへそは正面を向くように。
③ 両手を上にまっすぐ伸ばし、手のひらを正面に向ける。

ストレッチ動作

① 両肘を背中の後ろで近づけながら、肩甲骨を寄せていく。
② 両手を上に伸ばす。これを3〜5回繰り返す。

左右の脚を入れ替えて繰り返す。

腰に痛みがある人は正座やイスに座って行いましょう。

下半身のストレッチ❶

伸びる部位
▼
お尻の外側
股関節

すねがみぞおちと
同じ高さになるように
脇を締め、肘を後
ろに引いていく

スタート姿勢

① 両脚を伸ばして座り、右脚のふくらはぎを両手で下から支え持ち上げる。

② 息を吸いながら背筋を伸ばす。

ストレッチ動作

① 息を吐きながら、肩が上がらないよう注意して、持ち上げた右脚を引き寄せる。息を吸いながら緩め、吐きながら再度引き寄せる。これを4～5回繰り返す。

左右の脚を入れ替えて繰り返す。

少し難しいポーズなので、無理のない範囲で行いましょう。

下半身の
ストレッチ❷

伸びる部位
▼
お尻の外側
腰

左脚は前にある空気を
押すようにして伸ばす
背筋はまっすぐ
をキープ

スタート姿勢

① 両脚を伸ばして座り、右脚の膝を立てる。
② 右脚を左脚にクロスして、右脚の足の裏を、左脚の膝の外側に置く。
③ 左手で右脚の膝を外側から抱え、右手は背中の後ろにつき、息を吸いながら背筋を伸ばす。

ストレッチ動作

① 息を吐きながら体を右方向にひねり、目線も右方向にひねる。
② 左手で右膝を胸のほうに引き寄せ、体をさらにねじる。その姿勢で5回呼吸する。

左右の脚と腕を入れ替えて繰り返す。

連動ストレッチ❶

伸びる部位
▼
脇・横腹
肩

膝がかかとより前に
出ないように注意する
背筋はまっすぐ
をキープ

スタート姿勢

① 四つん這いの状態から、左足を両手のあいだに置き、上体を起こす。
② お尻を下げながら左脚の膝がかかとの上にくるように足幅を調整する。
③ 肩の高さで、左手を前に、右手を後ろに広げる。

ストレッチ動作

① 息を吸いながら左手を上へ持ち上げ、右手は下に下げる。目線は左手の先を見て、左わき腹の伸びを感じる。

② 息を吐きながら目線を落として右手の先をのぞきこみ、肩の力を抜く。このときも左手は引き上げ続ける。

③ 右手の指先を見みながら2～3回呼吸する。

左右の脚と腕を入れ替えて繰り返す。

呼吸が止まりやすいので、気持ちのいい呼吸ができる位置をキープする。

連動ストレッチ❷

伸びる部位
▼
肩・背中
お尻

膝がかかとより前に出ないように注意する
右足のつま先は45度くらい外側に開く

スタート姿勢

① 右脚を腰幅の2～3倍ほど後ろに開く。
② 右足のつま先を外側に45度開き、両足の裏を床に着ける。
③ 骨盤が正面になるように足の位置を調整する。
④ 徐々にお尻を下げていき、左脚の膝がかかとの上にくるようにする。このとき、左膝が内側に入らないように気をつける。
⑤ 両手を背中の後ろで組んで、息を吸う。

ストレッチ動作

① 息を吐きながらゆっくりと上体を前に倒していく。

② 脚でバランスをとりながら、組んだ手をゆっくりと持ち上げ、その姿勢のまま3回呼吸する。

③ 後ろから引っ張られるようなイメージで腕を下ろし、頭が最後になるようにゆっくりと上体を起こす。

左右の脚を入れ替えて繰り返す。

頭から起き上がるとめまいがするおそれがあるため、頭を最後にしてゆっくり起き上がりましょう。

おわりに――「健康への投資」をはじめよう

「健康である」とは、どういう状態でしょうか？

以前、クリニックにきたある男性がいました。

血圧を測ると170ほどのかなり高い数値でしたが、その男性は「全然元気ですよ」と言っていました。

また別の日には、糖尿病がかなり悪化した方が来院されました。

ですがその方も、「いや、でも全然元気なんですよ」と言っていました。

みなさん、どうしてこう言うのでしょうか。

それは、「痛みがない」からです。

「痛くない＝健康」だと思っているんです。

でも、痛みがないまま、いきなり発症する症状や障害はいくらでもあります。

たとえ痛みがなくても、倦怠感や疲労感は、それ自体が人体のSOS信号です。

とはいえ、多くの人が「痛みが出たら対処しよう」と考えるのは、仕方がないことでもあります。

それは、日本の医療自体が「事後対応」だからです。

そもそも「疲労」という言葉に、医学的な定義は存在しません。

たとえば、体が重い、呼吸がしづらい、動悸や息切れがする、こういった不調を感じて病院にきた患者がいたとします。

診察をして不調を聞くも、診断の結果、なにも病気が見つかりませんでした。

ここで医師が放つことが多いのが、「これはただの疲労です」という言葉です。「調べてみましたがどこも異常はありません。おそらく疲れているだけなので、よく寝て、よく休んでください」

こう言われたことがある人は多いのではないでしょうか。

しかし、なにも問題がないのに不調が現れるほど、人体は理不尽ではありません。

疲労が「病気」の前兆であることは多いのです。

ただ一般的には、疲労から病気に発展する概念はあまり浸透していません。

そして疲れをごまかすために甘いものを摂りすぎて糖尿病になってはじめて、

「では、糖尿病の治療をしましょう」となるのです。

本来の東洋医学の世界では、疲労は「未病」、つまり「これから病になる」可能性をふくむものという認識を持っています。

理由のわからない不調を「原因不明」と片付けるのではなく、体のバランスが崩れていると考え、漢方を処方するなど、対処すべき症状ととらえています。

東洋医学では、「疲労」を「対処すべき状態」と考えているのです。

ところが、日本の医学界は西洋医学的な考え方が基本であり、東洋医学を否定する医師もいるほどです。

医科大学における医学教育も、解剖学を習うところからはじまります。

脳の働き、脳の構造、脳の病気、そして心臓、肺、胃……。

人体の臓器別に学んでいくため、医師たちは不調や症状を診ると、まず「どの臓器が悪いのだろう」と考えて検査をしていきます。

「汗をかく」「冷えている」「疲れている」といった症状から紐解いていく東洋医

学とは真逆のアプローチです。

日本で西洋医学が支持される最大の理由は、「わかりやすい」からです。

東洋医学における漢方による治療は、科学的な裏付けが出づらい点が否めません。

同じ症状の人に同じ漢方を処方しても、「この人には効いたけど、こっちは駄目」「代わりに別の漢方を処方したら良くなった」など、効果がバラバラなのです。

「この症状はこの漢方を使えば治る」というエビデンスがつくりづらいため、論文にもなりにくく、世界にも広まりづらい。

患者がそうであるように、医師だって症状に対して「解決策はこれだ」という明確な答えがほしいのが本音です。

その答えを求めてたどり着いたのが、西洋医学です。

西洋医学における対症療法では、「この症状にこの治療をしたらこうなりました」「この薬を使ったらこうなりました」と、効果とエビデンスが明確です。

医師も胸を張って「この症状にはこの治療法を用いましょう」と提案できます。

そもそも東洋医学は、病の入り口で食い止めたり、病にならない状態を維持したりすることに重きを置いています。

だからこそ、しっかり病気になってしまった人には、漢方が与えられる効果は限定的になってしまいます。

漢方を飲めば手術しなくて済むというわけにはいかず、本当の病気になってしまったら西洋医学に頼るしかないのです。


ですが、本当に必要なのは、東洋医学的な思考ではないでしょうか。

いちばん大切なのは、「病気にならない」ことです。

そのためには、痛みや不調が出る前から、健康のためにできることを「習慣」として行わなくてはいけません。

この本がそのための一助になれば、著者として嬉しく思います。

本書は、多くの方々のご協力によって完成しました。

専門的な内容を読むのがしんどくならないような素敵なデザインをしてくださっ

たデザイナーの藤塚尚子さん。細部まで丁寧に描いてくださりつつもユーモアも混えたイラストを描いてくださったイラストレーターの武田侑大さん。いつも的確なアドバイスと、献身的なサポートをくださるランカクリエイティブパートナーズの渡辺智也さん。そして、私のとりとめもない話を的確に整理し、まとめてくださった、クロスメディアパブリッシングの石井一穂さん。

本当にありがとうございました。

自分の体の異変には自分で気づくしかありません。

ふだん、多くのストレスと戦っている人も、少しだけ息を抜いて、自分の体と向き合ってみましょう。

あなたがいまやっていることが、未来のあなたをつくります。

あなたの健康と未来に、そして人生に対しての投資を、ここからはじめましょう。

杉岡充爾

【著者略歴】

杉岡充爾（すぎおか・じゅうじ）

すぎおかクリニック院長。医学博士。1965年生まれ。日本内科学会認定医、日本循環器学会専門医、日本抗加齢医学会専門医、日本医師会健康スポーツ医、日本心血管インターベンション治療学会専門医。千葉県船橋市立医療センターの救急医療に約20年間勤務し、生死に関わる治療や約1万人の心臓の治療にあたる。病気の前段階で予防できる医学の重要性を強く感じ、“世の中から「心臓病患者を一人でも減らす」”ことをミッションに、2014年5月より千葉県船橋市において「すぎおかクリニック」を開院。わずか1年で延べ1万8000人が通院、誠実で患者と同じ目線で寄り添う人柄が噂となり患者が殺到、顧客満足度100パーセントという驚異の人気クリニックとして、テレビ・雑誌等に出演。現在までに延べ10万人超を診ている。『毎日のカラダが楽になる 最高の疲労回復法』（大和書房）など著書多数。

おうちストレスをためない習慣《しゅうかん》

2021年10月 1日　初版発行

発行　**株式会社クロスメディア・パブリッシング**

発行者　小早川幸一郎

〒151-0051　東京都渋谷区千駄ヶ谷4-20-3 東栄神宮外苑ビル

https://www.cm-publishing.co.jp

■本の内容に関するお問い合わせ先 ……………… TEL（03）5413-3140／FAX（03）5413-3141

発売　**株式会社インプレス**

〒101-0051　東京都千代田区神田神保町一丁目105番地

■乱丁本・落丁本などのお問い合わせ先 ……………… TEL（03）6837-5016／FAX（03）6837-5023

service@impress.co.jp

（受付時間　10:00～12:00、13:00～17:00　土日・祝日を除く）

※古書店で購入されたものについてはお取り替えできません

■書店／販売店のご注文窓口

株式会社インプレス　受注センター ……………… TEL（048）449-8040／FAX（048）449-8041

株式会社インプレス　出版営業部 ……………… TEL（03）6837-4635

カバー・本文デザイン　藤塚尚子（e to kumi）

DTP　茂呂田剛（有限会社エムアンドケイ）

印刷・製本　中央精版印刷株式会社

カバー・本文イラスト　武田侑大

編集協力　ランカクリエイティブパートナーズ

ISBN 978-4-295-40599-3 C2034